Informatik aktuell

Herausgeber: W. Brauer
im Auftrag der Gesellschaft für Informatik (GI)

Peter Holleczek
Birgit Vogel-Heuser (Hrsg.)

Eingebettete Systeme

Fachtagung der GI-Fachgruppe REAL-TIME Echtzeitsysteme und PEARL
Boppard, 25./26. November 2004

Herausgeber

Peter Holleczek
Regionales Rechenzentrum
der Universität Erlangen-Nürnberg
Martensstraße 1, 91058 Erlangen
holleczek@rrze.uni-erlangen.de

Birgit Vogel-Heuser
Bergische Universität Wuppertal
Automatisierungstechnik/Prozessinformatik
Rainer-Gruenter-Straße 21, Geb. FC, 42119 Wuppertal
bvogel@uni-wuppertal.de

Programmkomitee

R. Arlt	Hannover	H. Kaltenhäuser	Hamburg
R. Baran	Hamburg	R. Müller	Furtwangen
F. Dressler	Tübingen	H. Reißenweber	Paderborn
W. Gerth	Hannover	D. Sauter	München
W. A. Halang	Hagen	U. Schneider	Mittweida
H. H. Heitmann	Hamburg	G. Thiele	Bremen
P. Holleczek	Erlangen	B. Vogel-Heuser	Wuppertal
J. Kaiser	Ulm	H. Windauer	Lüneburg

Bibliographische Information der Deutschen Bibliothek
Die Deutsche Bibliothek verzeichnet diese Publikation in der Deutschen Nationalbibliografie; detaillierte bibliografische Daten sind im Internet über http://dnb.ddb.de abrufbar.

CR Subject Classification (2001): C.3, D.4.7

ISSN 1431-472-X
ISBN 978-3-540-23424-1 ISBN 978-3-642-18594-6 (eBook)
DOI 10.1007/978-3-642-18594-6

springer.de

Originally published by Springer-Verlag Berlin Heidelberg New York in 2004

Satz: Reproduktionsfertige Vorlage vom Autor/Herausgeber
Gedruckt auf säurefreiem Papier SPIN: 11333661 33/3142-543210

Vorwort

Das Schwerpunktthema des diesjährigen Workshops lautet **Eingebettete Systeme**. Eingebettete Systeme werden vielfältig diskutiert und haben aufgrund steigender Leistungsfähigkeit in den letzten Jahren erheblich an Aktualität gewonnen bzw. werden gerade wieder entdeckt.

Unter einem Eingebetteten System versteht man ein (Mikro-) Computersystem, das in ein technisches System eingebettet ist, welches selbst nicht als Computer erscheint. Es ist durch die folgenden Merkmale gekennzeichnet:

- informationserfassende, -übertragende, -verarbeitende, speichernde oder steuernde Einheit,
- kontrolliert und verarbeitet physikalische Größen,
- feste Funktionalität,
- meist reaktiv,
- in der Regel sicherheits- und zeitkritisch,
- bestehen aus Hardware und Software,
- mit oder ohne Betriebssystem,
- indirekte Mensch-Maschine-Schnittstelle.
- Als Elemente eingebetteter Systeme dürfen eingebettete Systeme auftreten.

Die Performanz und der geringere verfügbare Speicher von Eingebetteten Systemen sind bei der Entwicklung zu berücksichtigen. Das Spektrum der eingereichten Beiträge deckt den ganzen Entwicklungsprozess von Echtzeitsystemen ab und reicht bei den Eingebetteten Systeme von der Speicherprogrammierbaren Steuerung bzw. feldbusbasierten Regelung, über die Robotersteuerung bis zur Anwendung von Embedded Linux für ein transportables medizinisches Gerät.

In der ersten Sitzung des Workshops „Systementwicklung (1)" wird über ein E-Learning-Projekt zum Thema Echtzeitdatenverarbeitung berichtet und die automatische Codeerzeugung für Steuerungen aus der UML erläutert. Bei Letzterem werden die Modellierung der Hardware und der Echtzeiteigenschaften behandelt. In der Sitzung „Betriebssysteme und Netze (1)" werden sicherheitsgerichtete Anwendungen behandelt sowie Messmethoden für Gigabit-Ethernet unter Echtzeitaspekten vorgestellt. Die Anwendungssitzung behandelt eingebettete Steuerungen für Windenergieanlagen, tragbare Prüfsysteme sowie die Sturzvermeidung von zweibeinigen Robotern durch reflexartige Reaktion. In der Sitzung „Systementwicklung (2)" wird UML 2.0 auf seine Echtzeiteigenschaften untersucht und die automatische Modellkopplung heterogener eingebetteter Systeme vorgestellt. Die Sitzung „Betriebssysteme und Netze (2)" behandelt zeitsynchrone interaktive Übertragungssysteme und eine verteilte, virtuelle Maschine für heterogene Automatisierungscluster.

Das Programmkomitee der Fachgruppe ist überzeugt, ein aktuelles und interessantes Programm zusammengestellt zu haben und freut sich, in Gestalt der Reihe Informatik aktuell wieder ein vorzügliches Publikationsmedium zur Verfügung zu haben. Dank ergeht an die Firmen Artisan, Siemens, Werum und das Institut für Rundfunktechnik, die mit ihrer Unterstützung die Veranstaltung erst ermöglicht haben.

Wir wünschen den Teilnehmern einen interessanten und intensiven Erfahrungsaustausch.

September 2004 — Birgit Vogel-Heuser
Wuppertal, Erlangen — Peter Holleczek

Inhaltsverzeichnis

Systementwicklung (1)

Betriebssysteme und Netze (1)

Anwendungen

Systementwicklung (2)

Betriebssysteme und Netze (2)

Beschreibung der Exponate

Durchführung eines ELAN-Projektes zum Thema „Echtzeitdatenverarbeitung“

Juliane Benra[1] und Peter Elzer[2]

[1] Fachhochschule Oldenburg / Ostfriesland / Wilhelmshaven, Standort Wilhelmshaven
Fachbereich Ingenieurwissenschaften, Friedrich-Paffrath-Str. 101, 26389 Wilhelmshaven
benra@fbe.fh-wilhelmshaven.de

[2] TU Clausthal, Institut für Prozess- und Produktionsleittechnik, Julius-Albert-Str. 6, 38678 Clausthal-Zellerfeld
elzer@ipp.tu-clausthal.de

Zusammenfassung. Die Nutzung von E-Learning-Möglichkeiten ist seit einigen Jahren ein allgemeiner Trend an den Hochschulen. Dieser Trend erfährt Förderung durch Landes- und Bundesmittel. So unterstützt das Land Niedersachsen ELAN-Projekte, die eine E-Learnung-Lehreinheit zu einem bestimmten Thema gestalten.
Besonderheit bei diesen Projekten ist die Zusammenarbeit von verschiedenen Projektpartnern. Die elektronische Lehreinheit findet später an verschiedenen Hochschulen Einsatz (im vorliegenden Fall sind 7 Lehrveranstaltungen betroffen).
Im Folgenden wird ein Projekt beschrieben, das sich speziell mit der Vermittlung von Themen der Echtzeitdatenverarbeitung beschäftigt.
In der Ausarbeitung wird auf die Rahmenbedingungen eingegangen, auf die Entscheidungen, die im Projektverlauf getroffen wurden, sowie das erzielte Projektergebnis. Auch Probleme, die bei der Durchführung entstanden, und deren Lösungen werden angesprochen. Schließlich werden einige Teile der entstandenen Lehreinheit exemplarisch dargestellt.

1 ELAN-Projekte in Niedersachsen

Das Land Niedersachsen unterstützt Projekte, die zur Schaffung von Strukturen zum Einsatz von Multimedia im Studium beitragen sollen, so genannte ELAN-Projekte (E Learning Academic Network).

Ziele sind dabei die Erstellung von Beiträgen zur multimedialen, rechnergestützten Anreicherung von Präsenzlehre, wie auch Beiträge zur Verbesserung des Angebotes bereits vorhandener virtueller Lehreinheiten.[1]

Bereits im Jahr 2001 begannen Pilotprojekte, diese Ideen umzusetzen. Zu den Piloten gehörten u.a. die Universitäten Hannover und Braunschweig, sowie Clausthal und Göttingen.

Für die Folgeprojekte sollten im Wesentlichen Hochschulen aus Niedersachsen in staatlicher Trägerschaft beteiligt werden. Das Hauptaugenmerk sollte auf der Entwicklung von „Content“ zu einem bestimmten Themengebiet stehen.

---

[1] Siehe Ausschreibungstext zur 2. Förderstufe [1]

Projektstart für das Thema Echtzeitdatenverarbeitung

Zu Beginn des Jahres 2003 fanden sich einige Projektpartner zusammen, um einen Antrag zur Abwicklung eines solchen Projektes hinsichtlich der Unterstützung von Echtzeitthemen zu stellen.

Folgende Hochschulen / Personen waren als Projektpartner an dem Projekt beteiligt:

- Hauptantragstellerin: Prof. Dr. Benra (FH OOW)
- Projektpartner:
  - Prof. Dr. Elzer (TU Clausthal)
  - Prof. Dr. Gerth (Uni Hannover)
  - Prof. Dr. Halang (Fernuni Hagen)
  - Prof. Dr. Hogrefe (Uni Göttingen)
  - Prof. Dr. Schmidtmann (FH OOW)

Nach einer ersten im Frühsommer im Ministerium getroffenen Aussage sollten ELAN-Projekte auf Grund der Finanzsituation im Lande vorläufig nicht mehr angestoßen werden. Dennoch kam es im September 2003 überraschend zur Genehmigung. Damit standen 50 000 Euro zur Verwirklichung einer Lehreinheit zur Verfügung, die idealerweise schon bis Ende des Jahres verausgabt werden sollten. Da aus den Projektgeldern insbesondere die teilweise erst neu einzustellenden Mitarbeiter finanziert werden sollten, war dies in der Kürze der Zeit seriös nicht zu erreichen. Daher wurde letztlich ein Übertrag der Restgelder in das Jahr 2004 durchgesetzt. Die Projektlaufzeit begann somit im Oktober 2003 und dauerte bis Juli 2004 an.

2 Durchführung des Projektes

Die Vielzahl der Projektbeteiligten machte es notwendig, schon zu Beginn des Projektes die Zielsetzung möglichst konkret festzulegen. Im Rahmen eines zweitägigen Projekttreffens wurden außerdem Zuständigkeiten und Arbeitsteilung besprochen.

Festlegen von Zielsetzungen

Es wurden die Zielsetzungen hinsichtlich der Unterstützung der Lehre, der zu behandelnden Themen sowie der Umsetzung des Projektes festgelegt.

Zielsetzungen hinsichtlich der Lehre:

1. *Die Lehreinheit soll die Präsenzlehre unterstützen und nicht ersetzen.*
   Alle Projektpartner waren sich einig, dass die Lehreinheit eine Ergänzung zu den bereits vorhandenen Präsenzveranstaltungen darstellen sollte. Den wesentlichen Wissenstransfer sollen weiterhin Vorlesung leisten, so dass die Lehreinheit für im Eigenstudium durchzuführende Vertiefungen, Verdeutlichungen etc. genutzt werden sollte. Dabei sollten speziell die besonderen Möglichkeiten von E-Learning-Modulen genutzt werden: Interaktivität und Animationen.
2. *Die Lehreinheit soll zur Vermittlung von Fallbeispielen dienen.*
   Gerade Fallbeispiele verdeutlichen den Nutzen von in der Vorlesung angesprochenen Techniken und Algorithmen. Hier kann man Animationen gewinnbringend einsetzen.

3. *Die Lehreinheit soll zur Selbstkontrolle der Studierenden einsetzbar sein.* Dadurch können Studierende ohne Scheu ihren Leistungsstand überprüfen. Hier ist insbesondere die interaktive Nutzung der Lehreinheit gefragt.
4. *Die Lehreinheit soll der Wiederholung von Stoff dienen.* Aspekte, die vielleicht in der Vorlesung nicht in Gänze verstanden wurden, können so stressfrei solange wiederholt werden, bis sie verinnerlicht werden.
5. *Die Lehreinheit soll Beispiele transportieren.* Hier gelten dieselben Überlesungen wie für Fallbeispiele.
6. *Die Lehreinheit soll allgemein verdeutlichende Animationen enthalten.* Dies ist etwa bei der Verdeutlichung von Beispielen hilfreich und bietet eine echte Ergänzung zu den Möglichkeiten, die in einer Vorlesung normalerweise gegeben sind.
7. *Die Lehreinheit soll zum Eigenstudium von PEARL beitragen.* PEARL wird bei den meisten Projektpartnern in Laborübungen eingesetzt. Daher ist es sinnvoll, hier mit Hilfe der Lehreinheit die Vermittlung der wesentlichen Konzepte zu fördern.

Es wurden Themen/Fragestellungen gesucht, die durch die Lehreinheit transportiert werden sollten. Es ergaben sich:

1. Was ist Echtzeit ?
   Hier sollte die Grundproblematik der Echtzeitdatenverarbeitung verdeutlicht werden.
2. Was sind Echtzeitbetriebssysteme?
   Möglichkeiten von Spezialbetriebssysteme werden hier angesprochen.
3. Wie kooperieren parallele Prozesse?
   Klassische Mechanismen, wie z.B. Semaphore, werden hier verdeutlicht.
4. Hilfsmittel zur Koordinierung und Synchronisation paralleler Prozesse
   Hier ist die Vermittlung der Programmiersprache PEARL einzuordnen, für die bereits eine E-Learning – Einheit der Fernuni Hagen existierte, die überarbeitet werden sollte.
5. Fallbeispiele
   Hier werden klassische Situationen, wie Erzeuger-Verbraucherproblem, angesiedelt
6. Spezifikation und Simulation von Echtzeitverhalten:
   Hier sind SDL, MSC und TTCN angesiedelt.
7. Fehler und Fehlervermeidung:
   Klassische Probleme, wie Verklemmungen, werden hier angesprochen.
8. Ein zunächst vorgesehenes 8. Thema (Virtueller Speicher) wurde wegen der eher geringen Relevanz schon in der Frühphase des Projektes wieder gestrichen.

Zielsetzung hinsichtlich der Umsetzung:

- Es sollte ein einheitliches „Look and Feel“ der Lehreinheit sichergestellt werden,
- die Integration erklärender Animationen wurde vorgesehen,
- die Integration von Übungen zur Selbstkontrolle wurde vorgesehen,
- die Integration erläuternder Video-Filmen wurde vorgesehen,
- die Nutzung eines gemeinsamen Erstellungs-Tools wurde angestrebt, bei dem berücksichtigt werden sollte:
  - o die problemlose Möglichkeit von Pflege und Wartung,
  - o Kostenneutralität,

- o möglichst sehr kurze Einarbeitungszeit für die Mitarbeiter,
- o Lauffähigkeit auf gebräuchlichen Rechnern unter dem Betriebssystem Windows.

Technische Grundlagen

Hauptprobleme bei der Schaffung der technischen Grundlagen waren die Vielzahl der Möglichkeiten, Werkzeuge einzusetzen, deren schwere Überschaubarkeit und die Kürze der Zeit, in der Entscheidungen gefällt werden mussten. Da die Einheitlichkeit der Lehreinheit gewährleistet bleiben sollte, wurde nach einem gemeinsamen Werkzeug gesucht, das insbesondere der Unerfahrenheit der gefundenen Mitarbeiter mit dieser Art von Werkzeugen Rechnung trug. In die Betrachtung sind eingeflossen:

- Dreamweaver[2]
- Java[3]
- ILIAS[4]
- Stud.IP[5]
- CLIX[6]
- Powerpoint 2003[7]

Weiterhin flossen Erfahrungswerte der Projektpartner, beziehungsweise befragter kompetenter Personen in die Beurteilung mit ein. Als Problemfelder wurden identifiziert:

- die Möglichkeit der Entstehung von Inkompatibilitäten teilweise schon nach kürzester Zeit,
- der erwartete Zeitaufwand für die Einarbeitung der Mitarbeiter,
- die Anschaffungs- und Folgekosten (Muss z.B. ein Student, der die Einheit benutzt, Lizenzgebühren zahlen ?).

Letztlich ist die Entscheidung zu Gunsten von Powerpoint 2003 ausgefallen. Zunächst war Powerpoint allen Mitarbeitern bereits gut bekannt. Im Vergleich zu den Vorgängerversionen bietet Powerpoint 2003 nicht nur mehr Möglichkeiten der Animation, es besteht auch die Möglichkeit, die fertige Präsentation mit einem Viewer auf CD zu brennen, so dass das Vorhandensein von Powerpoint 2003 auf dem „ausführenden" Rechner nicht unbedingt erforderlich ist.

Im Verlauf des Projektes wurde die Erfahrung gemacht, dass auch Powerpoint einige Fallstricke aufweist. Insbesondere bei der Portierung von einem Rechner zum nächsten ergaben sich teilweise Verluste von Animationen und anderer Einstellungen. Mit hohem Arbeitseinsatz konnten viele dieser Probleme geklärt werden, aber bis zuletzt blieben einige Phänomene unerklärlich.

---

[2] © University of Delaware

[3] © Sun Microsystems

[4] © TU Ilmenau

[5] © OSTG; http://www.ostg.com

[6] © Humboldt-Universität zu Berlin

[7] © Microsoft

Erarbeiten der einzelnen Themen

Exemplarisch sollen hier einige Ausarbeitungen des IPP der TU Clausthal näher betrachtet werden.

Die Zuarbeit seitens des IPP der TUC konzentrierte sich schwerpunktmäßig auf die Entwicklung animierter Beispiele für einige Standardprobleme der Echtzeit- datenverarbeitung:

1. Standardtypen von Echtzeitbetriebssystemen (siehe Abb. 1)
2. Funktionsweise von Semaphoren
3. 3Wechselpuffer (siehe Abb. 2)
4. Reader-Writer-Problem mit Priorität des Writers (siehe Abb. 3)
5. Reader-Writer-Problem mit Priorität der Reader

Bei der Entwicklung dieser animierten Beispiele stellte sich in aller Deutlichkeit heraus, wie wichtig es ist, solche Animationen zu schaffen. Viele Details des Zeitverhaltens, die über Jahre hinweg bei Betrachtung üblicher - in Form von Algorithmen vorliegender - „Musterlösungen“ als selbstverständlich betrachtet worden waren, mussten erneut zur Diskussion gestellt werden. Das führte einerseits zu einem deutlich höheren Arbeitsaufwand als ursprünglich vorgesehen, andererseits aber zu einem wesentlich besseren Verständnis der Probleme. Im Licht des dabei Gelernten würde man manche Animation heute vielleicht sogar ganz anders konzipieren.

Damit bestätigte sich aber auch, was seit vielen Jahren in Kreisen der Forschung und Entwicklung auf dem Gebiet der Echtzeitsysteme bekannt ist: die Menschen haben üblicherweise große Schwierigkeiten damit, sich das Verhalten und dieInteraktion paralleler Prozesse „vorzustellen“. Also sind graphische Mittel (z.B. Petrinetze)

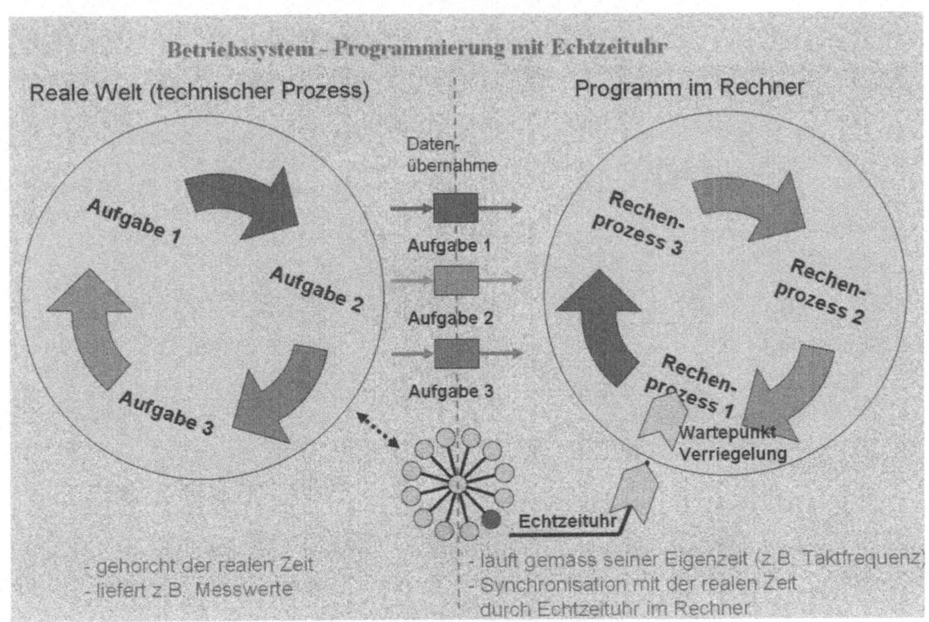

Abb. 1. Standardtyp von Echtzeitbetriebssystemen

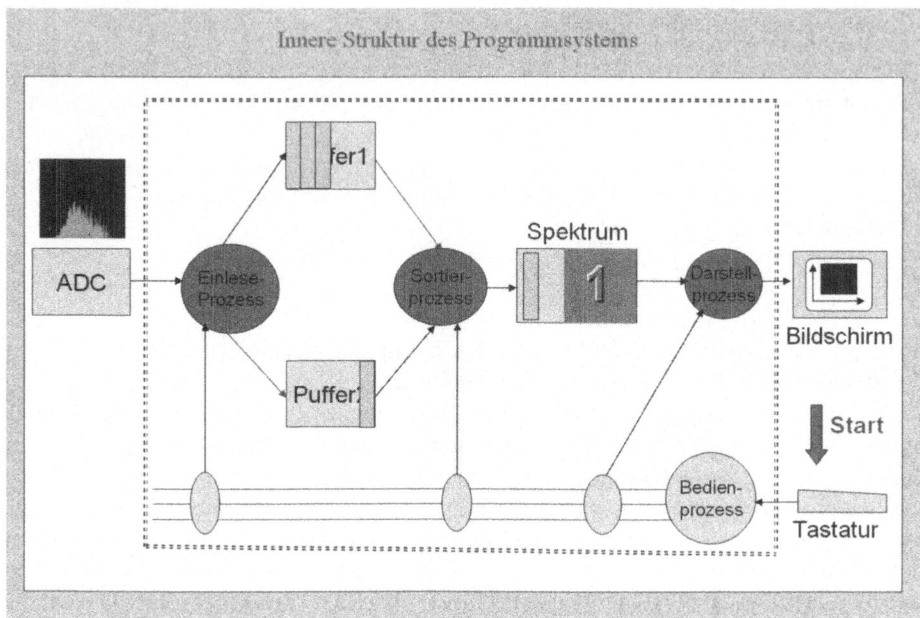

Abb. 2. Wechselpuffer

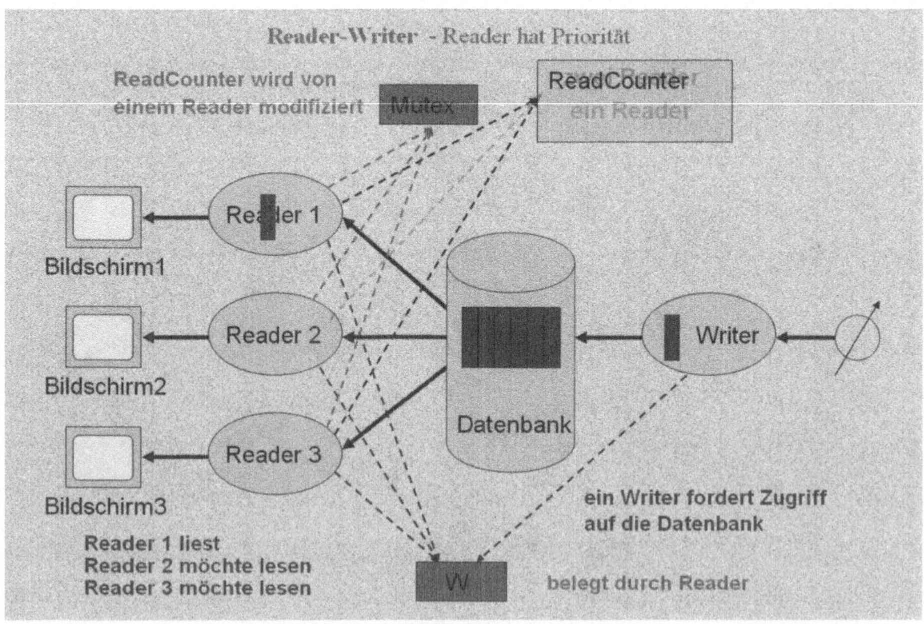

Abb. 3. Reader/Writer-Problem

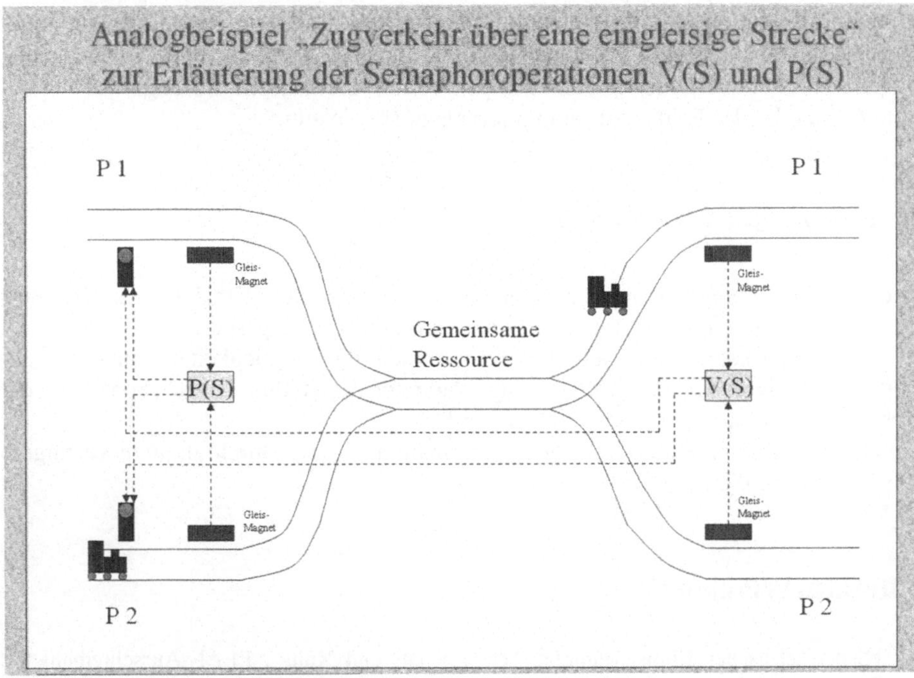

Abb. 4. Animation Semaphore

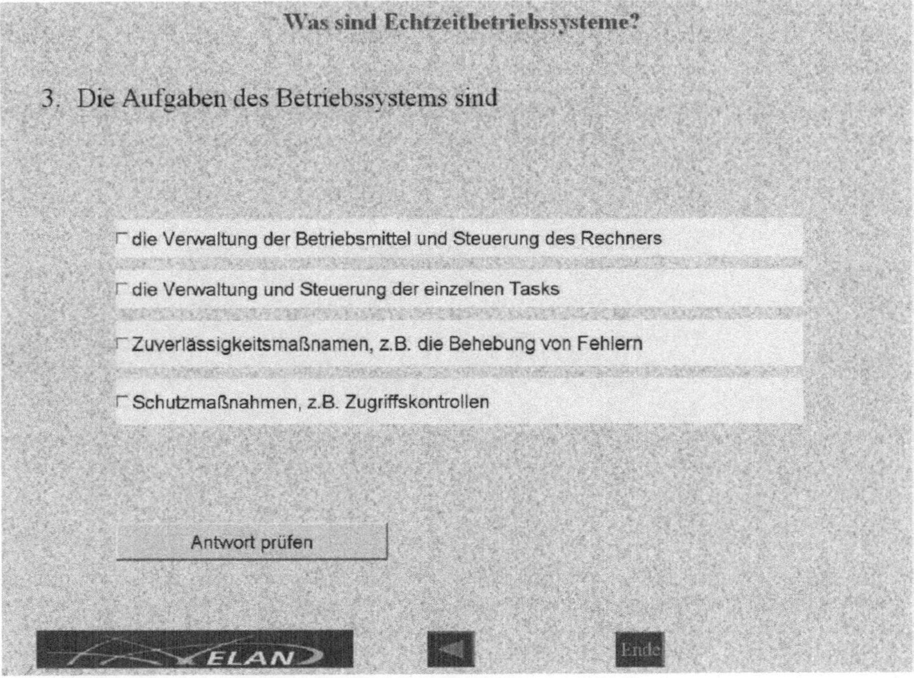

Abb. 5. Beispielfolie aus dem Übungskomplex

zu deren Simulation und Visualisierung unerlässlich. Das vorgestellte Projekt sollte also als ein erster Schritt betrachtet werden, der als Anregung dafür dienen kann, weitere Animationen und Visualisierungen von Problemen und Lösungsansätzen auf dem Gebiet der der Echtzeitprogrammierung zu entwickeln.

3 Einsatz der Lehreinheit

Die erstellte Lehreinheit wird ab dem Wintersemester 2004/2005 in den einzelnen Hochschulen zur Unterstützung von Lehrveranstaltungen eingesetzt.

Schon jetzt kann man sagen, dass insbesondere die Möglichkeiten von Animationen die Studierenden bei Entwicklung konkreter Vorstellungen zu Problemen der Echtzeitdatenverarbeitung unterstützen wird.

Ob die Möglichkeiten, Selbsttests durchzuführen, die Durchfallquote verringern wird, muss erst die Zukunft erweisen.

Literaturverzeichnis

1. Niedersächsisches Ministerium für Wissenschaft und Kultur; ELAN-Ausschreibung (2. Förderstufe); http://www.sbmm-niedersachsen.de; vom 17.12.2002
2. Elzer,P.: Ein integriertes Lehrkonzept mit elektronischen Medien; GMW04, Jahrestagung der Gesellschaft für Medien in der Wissenschaft e.V., Graz, September 2004, Waxmann Verlag, Münster, New York
3. Gerth, W.;Halang, W.A.: Realzeitprogrammiersprache PEARL. Kurs 02417 der Fernuni Hagen

Automatische Codegenerierung aus der UML für die IEC 61131-3

Daniel Witsch und Birgit Vogel-Heuser

Bergische Universität Wuppertal
Lehrstuhl für Automatisierungstechnik / Prozessinformatik
Fachbereich Elektrotechnik, Informations- und Medientechnik
Rainer Gruenter-Str. 21c
D-42119 Wuppertal
{witsch, bvogel}@uni-wuppertal.de

Zusammenfassung. Eine pragmatische Vorgehensweise für die Softwareentwicklung Eingebetteter Systeme wurde auf die Automatisierungstechnik übertragen. Mit einem Standard-Werkzeug können UML-Modelle automatisch mittels eines Codegenerators in IEC 61131-3 Code übersetzt und in eine Soft-SPS importiert werden. Außerdem ist die Systemarchitektur Teil der Modellierung und erlaubt somit die automatische Verknüpfung der Hard- und Softwareprojektierung. Am Beispiel einer Sortieranlage werden die Vorgehensweise und die Code-Erzeugung erläutert sowie die Ergebnisse einer ersten Evaluation vorgestellt.

1 Einleitung

Steigerung der Softwarequalität, Kostenersparnis durch Wiederverwendbarkeit von Softwarekomponenten und Modularisierung, die Verbesserung der Kommunikation zwischen verschiedenen am Entwicklungsprozess beteiligten Personengruppen und die durchgängige Verwendbarkeit von Werkzeugen und Methoden stellen ein noch nicht ausgeschöpftes Optimierungspotential bei der Erstellung von Automatisierungssoftware dar.

Im Folgenden wird anhand einer prototypischen Implementierung beleuchtet, wie Objektorientierung und die Unified Modeling Language (UML) eingesetzt werden können, um diesen Engineeringprozess zu verbessern. Der Forderung nach Wiederverwendbarkeit und Verbesserung der Softwarequalität wird in der Anwendungsentwicklung schon lange durch die Prinzipien und Methoden der Objektorientierung und ihrer Notation in der UML Rechnung getragen. Die Nutzung in der Automatisierungstechnik steht am Anfang.

Je nach Projektphase werden verschiedene Werkzeuge und Methoden verwendet. Weil oftmals keine geeigneten Schnittstellen der einzelnen Tools untereinander existieren, müssen im schlimmsten Fall die Daten beim Übergang von der einen in die andere Phase manuell übertragen werden. Dies stellt einen erheblichen Mehraufwand dar und birgt die Gefahr von Übertragungsfehlern und Dateninkonsistenzen. Eine Lösung wäre ein übergeordnetes Werkzeug, welches die Informationen über das System in einem abstrakten Modell (z.B. UML) konsistent bereitstellt und es ermöglicht, daraus die für die verschiedenen Zielumgebungen (z.B. E-CAE, IEC 61131-3) benötigten Daten geeignet zu übergeben. Änderungen in den Zielumgebungen sollten in das Gesamtmodell zurück fließen. Diese Vorstellung ist nur mit großem Aufwand zu verwirklichen. Mit vergleichsweise geringem Aufwand wurde ein Teil dieser Vorstellung in einem Prototyp [3] umgesetzt.

Der Prototyp ermöglicht es, aus einem UML-Modell ein vollständiges, lauffähiges IEC 61131-3 Projekt inklusive der Projektierungsinformationen für eine Beispielanlage zu generieren. Hierdurch kann ein guter Eindruck vermittelt werden, wie sich die UML werkzeuggestützt für eine automatisierungstechnische Systementwicklung nutzen lässt.

2 Prinzip der Codegenerierung

Auf Basis eines angepassten Vorgehensmodells für die Entwicklung von Echtzeitsystemen mit der UML [2] wurde eine Beispielanlage in dem CASE-Tool Real-Time Studio der Firma Artisan [4] modelliert. Mittels eines selbst entwickelten Codegenerators wurde aus diesem Modell automatisch IEC 61131-3 Code erzeugt und Projektierungsinformationen übergeben. Diese umfassen die Zuordnung der Hardwareadressen zu den Variablen der Programmierung aus einer grafischen Darstellung der Hardwarearchitektur. Im Folgenden werden die Vorgehensweise sowie die ausgewählten Werkzeuge und die Beispielanlage vorgestellt.

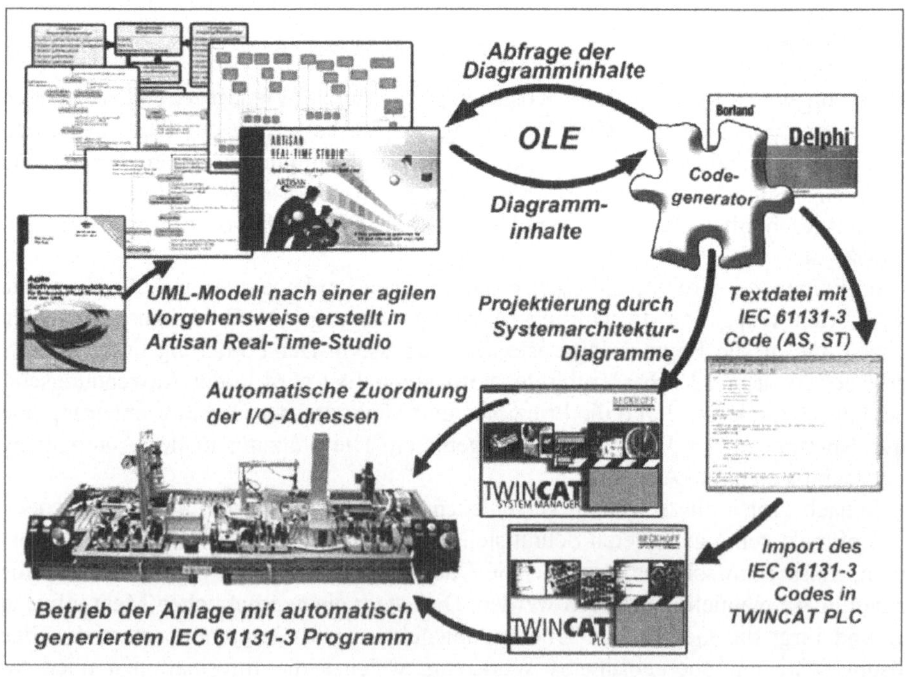

Abb. 1. Prinzip der Codegenerierung

Um effektiv mit der UML zu arbeiten, ist ein angepasstes Vorgehensmodell unerlässlich. Die Vorgehensweise nach Rupp/Hruschka [2] ist ein solches Vorgehensmodell, welches die besonderen Anforderungen in der Softwareentwicklung für Embedded Systeme – aber ebenso für die Automatisierungstechnik – hinsichtlich Hardware-Randbedingungen und Echtzeitaspekten berücksichtigt. Diese Vorgehensweise verbindet Prinzipien der strukturierten Analyse (SA/RT [7]) mit den Methoden der Objektorientierung und den Elementen der UML. Sie führt zu einem hierarchisch strukturierten Modell, das den Systementwicklungsprozess von einer umfassenden Anforderungsanalyse bis zum technischen Software-Entwurf pragmatisch unterstützt. Steht bei der Modellierung mit der UML die Codegenerierung als Ziel im Vordergrund, so wird ein Modellierungswerkzeug benötigt, welches hinsichtlich der Implementierung von Methoden und der Erweiterbarkeit des UML-Metamodells größtmögliche Flexibilität bietet. Artisan Real-Time Studio [4] kommt dieser Forderung mit einer effektiven Stereotypen- und Tagged-Value-Behandlung nach. Außerdem bietet es die Möglichkeit Modellelementen Rich-Text Dokumente hinzuzufügen. Diese Rich-Text-Dokumente können Referenzen auf andere Modellelemente sowie eingebettete Objekte anderer Programme enthalten. Des Weiteren lassen sich in Artisan Real-Time Studio durch System-Architektur-Diagramme Hardwareaspekte anschaulich abbilden und durch Einbeziehung eines speziellen RT-Profils Echtzeitanforderungen spezifizieren. Die OLE-Schnittstelle bietet einen komfortablen lesenden und schreibenden Zugriff auf das Modell.

Als Ergebnis der Codegenerierung soll eine Textdatei erzeugt werden, die den IEC 61131-3 konformen Code als Klartext enthält. Die IEC 61131-3 Programmierumgebung muss deshalb den Import einer Textdatei mit Code gemäß IEC 61131-3 erlauben. Diesen Anforderungen genügt die Programmierumgebung CoDeSys (3S [5]). CoDeSys wird von vielen Systemintegratoren und Automatisierungsherstellern (auch aus dem Embedded-Bereich) eingesetzt. Beckhoff setzt CoDeSys als Programmierumgebung für ihre Soft-SPS TwinCat [6] ein. Im Rahmen der hier beschriebenen Codegenerierung wurde TwinCat verwendet, um die Beispielanlage zu steuern. Dieser Laboraufbau einer Sortieranlage (Abb. 1) stellt mit einer einfachen Sortier-, Transport- und Stempelfunktion eine simple aber durchaus realistische Automatisierungsaufgabe dar. Die Anlage verfügt über 28 Sensoren und 19 Aktoren (digital und analog). Die digitalen Aktoren und Sensoren sind über ASI-Bus an die Beckhoff-Steuerung angebunden.

3 Abbildung des UML-Modells auf die IEC Projektstruktur

Als Endergebnisse der Modellierung nach der Vorgehensweise von Rupp/Hruschka ergeben sich viele mehr oder weniger formalisierte Dokumente und Diagramme. Nur ein geringer Teil davon ist geeignet und notwendig, um daraus Code zu generieren. Die Eignung zur Codegenerierung ergibt sich aus dem Grad der Formalisierung und der Fähigkeit, den damit zu modellierenden Sachverhalt vollständig zu definieren.

Um die statische Struktur des Codes zu beschreiben, eignen sich Klassendiagramme. Sie sind ausreichend formal und beschreiben – geeignet stereotypisiert - die Struktur einer Klasse und Beziehungen zwischen diesen im notwendigen Umfang.

Um dynamische Abläufe zu beschreiben, kommen nur Aktivitäts- oder Zustandsdiagramme in Frage. Kollaborations- und Sequenzdiagramme stellen einen Ablauf nicht unter allen Bedingungen dar, sondern nur für einen bestimmten Fall. Deshalb sind diese als Grundlage einer Implementierung zunächst ungeeignet. Da Zustandsautomaten den Sequential Function Charts (SFCs) der IEC 61131-3, mit ihrer Abfolge von Transitionen und Aktionen sehr ähnlich sind, wurden diese ausgewählt um dynamisches Verhalten zu modellieren.

3.1 Das IEC 61131-3 Klassenkonstrukt

Die IEC 61131-3 ist keine objektorientierte Sprache, daher ist in ihr auch kein Klassenkonstrukt definiert. Wie kann also eine Klasse in der IEC 61131-3 umgesetzt werden? Grob gesehen ist eine Klasse eine Strukturvorgabe, die Attribute und Methoden mit Zugriffsrechten kapselt. Ist eine Klasse einmal definiert, so stellt sie einen Datentyp dar, der instanziiert werden kann. Zudem gibt es bei Klassen Mechanismen wie Vererbung und Polymorphie.

Im Vergleich dazu bietet die IEC 61131-3 instanziierbare Funktionsbausteine (FBs) sowie die Möglichkeiten, Strukturen zu bilden und Datentypen zu definieren. Daraus lassen sich mit Hilfe von geschachtelten Typdefinitionen bzw. Strukturen Klassenkonstrukte realisieren: Die Typdefinition auf oberster Ebene, die den Namen der Klasse trägt, enthält eine Typdefinition für die Methoden und eine weitere für die Attribute der Klasse. Die Typdefinition der Methoden setzt sich aus den Funktionsbausteininstanzen zusammen, die die Methoden der Klasse implementieren. Die Typdefinition der Attribute kapselt alle Public-Attribute der Klasse mit ihrem entsprechenden Datentyp (Bool, Integer, String...) und enthält eine weiter Typdefinition für die privaten Attribute der Klasse. Auf diese Weise sind die Zugriffsrechte auf private Attribute dargestellt.

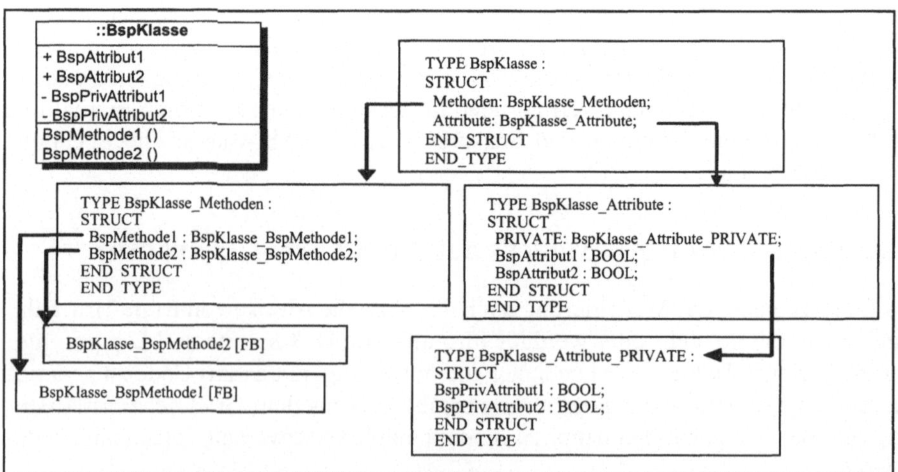

Abb. 2. Klassenkonstrukt in der IEC 61131-3

In der Anwendung erweist sich dieses Konstrukt als komfortabel. CoDeSys bietet, sobald ein Punkt nach einem Bezeichner für eine Typdefinition eingegeben wird, eine Liste auswählbarer Elemente an (z.B. die Liste der Public-Attribute). Durch diese normkonforme Punktnotation entsteht ein Klassenkonstrukt, das ähnlich dem einer objektorientierten Hochsprache zu verwenden ist.

```
VAR
  myClass : BspKlasse;    (* Instanziierung der Klasse *)
END_VAR

myClass.Attribute.BspAttribut1:=TRUE; (* Zugriff auf ein Attribut *)
myClass.Methoden.BspMethode2(…); (* Methodenaufruf *)
```

Abb. 3. Instanziierung und Verwendung des Klassenkonstrukts

Damit sind die Eigenschaften einer Klasse hinsichtlich Kapselung von Attributen und Methoden in einer Struktur und Instanziierbarkeit gegeben. Zugriffsrechte werden dargestellt.

3.2 Implementierung von Methoden

Die Implementierung von Methoden im UML Modell erfolgt wahlweise über Statecharts oder über die direkte Angabe des Quellcodes, wobei in beiden Fällen die Variablen per Drag&Drop als Referenz eingefügt werden. Dies sichert die Konsistenz und ermöglicht eine automatische Zuordnung einer Variablen zu ihrer Klasse im Rahmen der Instanziierung.

Die hier verwendeten Statecharts der UML und SFCs der IEC 61131-3 umfassen parallele Zustände, Alternativ-Verzweigungen, Zustandsautomaten als Verfeinerung von Zuständen, Aktivitäten und Aktionen. Aktivitäten sind hier als unterbrechbare, länger andauernde Prozesse definiert, die solange ausgeführt werden, bis der Zustand, der die Aktivität enthält, deaktiviert wird. Im Gegensatz dazu sind Aktionen nicht-unterbrechbar und werden nur einmal im Moment des Eintritts in dem, der Transition nachfolgenden, Schritt ausgeführt. Prinzipiell ließen sich alle Implementierungen als Statechart realisieren. Es ist aber nicht immer sinnvoll z.B. mathematische Berechnungen oder Wertezuweisungen in einem Statechart darzustellen. Deshalb kann - alternativ zu den Zustandsautomaten - auch Programmcode als strukturierter Text (ST) [1] angegeben werden.

3.3 Klassentypen

Neben der allgemeinen Umwandlung einer Klasse, wurden aus der Vorgehensweise nach Rupp/Hruschka [2] drei spezielle, für die Automatisierungstechnik relevante Klassenarten ausgewählt, die durch ein entsprechendes Stereotyp gekennzeichnet werden. Es wird zwischen Entityklassen, Steuerklassen und Serviceklassen unterschieden.

Entityklassen dienen der zentralen Datenhaltung. Sie tragen deshalb viele Attribute und wenige oder keine Methoden.

In Serviceklassen werden wieder verwendbare Funktionalitäten gesammelt. Dies könnten z.B. mehrfach benötigte Steueroperationen, Regler oder mathematische Funktionen sein. Wenn eine Klasse das Stereotyp <<Serviceklasse>> trägt, werden Methoden, die einen Rückgabewert besitzen, bei der Codegenerierung nicht in Funktionsbausteine (FB), sondern in Funktionen (FC) umgewandelt.

Steuerklassen übernehmen die zentrale Steuerung einer Task. Sie spielen innerhalb ihres Klassendiagramms eine Dirigentenrolle und bedienen sich der Variablen der Entityklassen und der Methoden der Serviceklasse.

3.4 UML-Modellstruktur und Abbildung auf die IEC 61131-3

Im Folgenden wird die UML-Modellstruktur, die IEC 61131-3 Programmstruktur und die Abbildung des UML-Modells auf diese, also der eigentliche Kern der Codegenerierung erläutert (Abb. 4).

Im UML-Modell wird jede Task durch ein Paket (Package) mit dem Stereotyp <<Task>> gebildet. Dieses Paket enthält genau ein Klassendiagramm mit genau einer Steuerklasse und mindestens einer Entityklasse, außerdem kann dieses Klassendiagramm Serviceklassen beinhalten. Methoden werden i.a. durch Statecharts (Zustandsautomaten) implementiert, d.h. Methoden referenzieren einen Zustandsautomaten. Darüber hinaus ist der Steuerklasse dieses Klassendiagramms an sich ein Statechart zugeordnet, welches das Zusammenspiel der Methoden der Steuerklasse beschreibt.

Dieser Zustandsautomat wird zum Hauptprogramm der IEC 61131-3 Task. Die Statecharts, die den Methoden der Steuerklasse zugeordnet sind, werden in IEC 61131-3 FBs umgewandelt. Diese FBs werden direkt durch das Hauptprogramm aufgerufen. Die Statecharts der Serviceklasse werden zu FBs oder, sofern die Methode einen Rückgabewert besitzt, zu FCs konvertiert. Diese Hilfsfunktionalitäten werden innerhalb des IEC 61131-3 Programms von den Steuerklassen-FBs bei Bedarf verwendet.

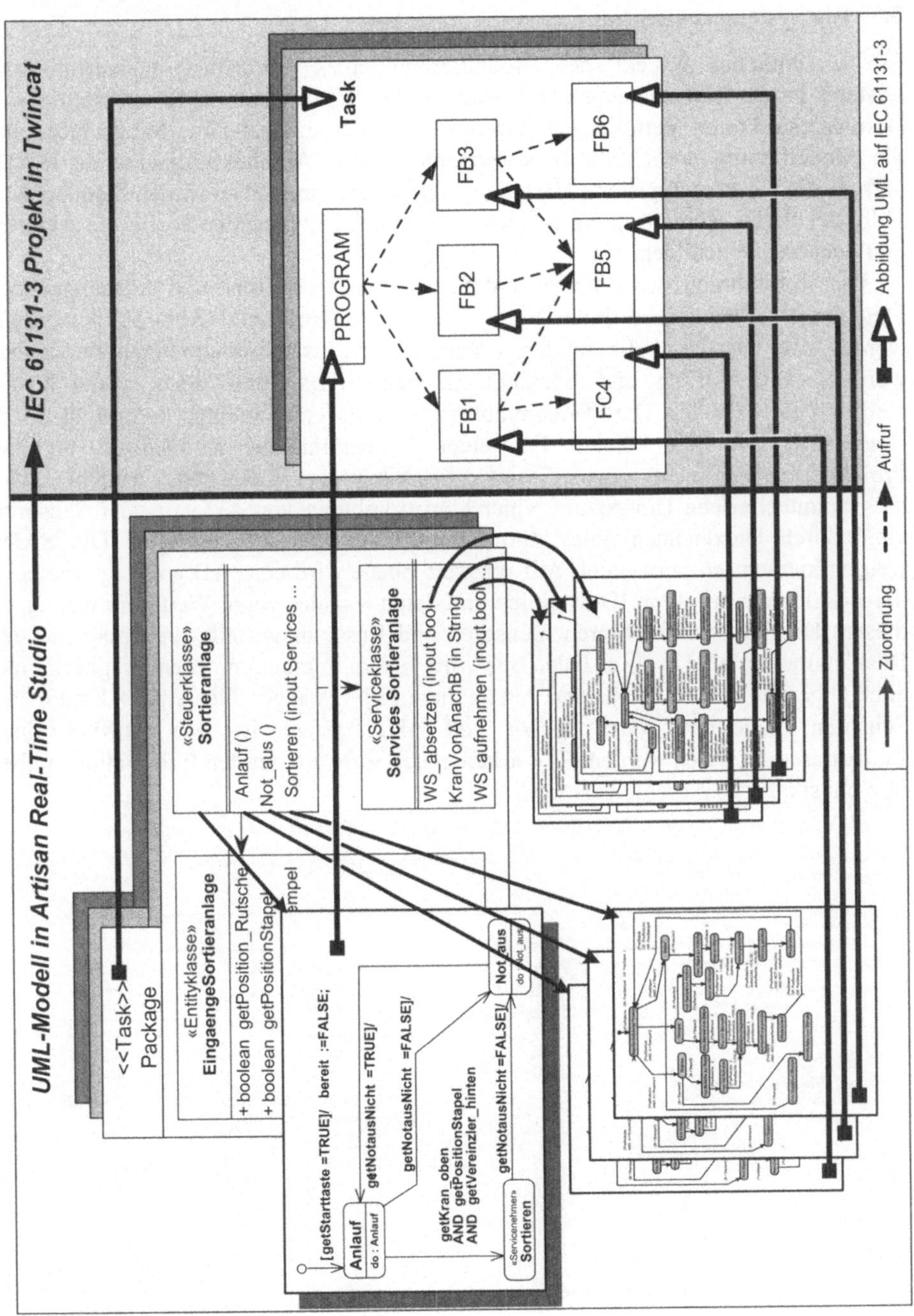

Abb. 4. Abbildung des UML-Modells auf die IEC 61131-3 Programmstruktur

3.5 Die Systemarchitektur

Ein wesentlicher Aspekt der Modellierung eines automatisierungstechnischen Systems ist die Einbeziehung von Hardware. Die UML sieht zur Beschreibung von Hardwarestrukturen Verteilungsdiagramme vor. Artisan Real-Time Studio bietet für die Modellierung der Hardware sogenannte System-Architekturdiagramme (SAD, [4]) an, die als stereotypisierte Verteilungsdiagramme angesehen werden können. Mit Hilfe der SADs werden die vorhandenen Hardwarekomponenten sowie die Aktoren und Sensoren abgebildet.

Die Verdrahtung der Aktoren und Sensoren mit den Ein- und Ausgängen der Steuerungshardware wird durch Verbindungspfeile dargestellt (Abb. 5). Außerdem werden die Variablen, die in den Klassen- und Zustandsdiagrammen verwendet werden, den Aktoren und Sensoren in den SADs zugeordnet, wodurch die Verbindung zwischen Hardwarearchitektur und Programmierung hergestellt wird. Diese Informationen können bei einer Umverdrahtung automatisch an das Projektierungswerkzeug der TwinCAT-Umgebung übergeben werden. Die programmtechnische Umsetzung, einer Umverdrahtung von Aktoren oder Sensoren kann durch Umzeichnen eines Zuordnungspfeiles im SAD erfolgen. Die SADs werden hierachisch verwendet. Auf oberster Ebene wird ein SAD angelegt, welches die Busklemme mit ihren IO-Modulen und deren Kanälen zeigt. Weiterhin werden in diesem Diagramm alle Aktoren, Sensoren und Busse dargestellt, die direkt mit der Busklemme verbunden sind. Jeder Bus wird zudem in einem eigenen Diagramm mit allen angeschlossenen Slaves und den an diesen Slaves angeschlossenen Aktoren und Sensoren modelliert. Jeder Sensor und Aktor referenziert ein Attribut einer Entityklasse. Dadurch werden die Variablen der Software mit den Informationen über ihre physikalische Adresse versorgt.

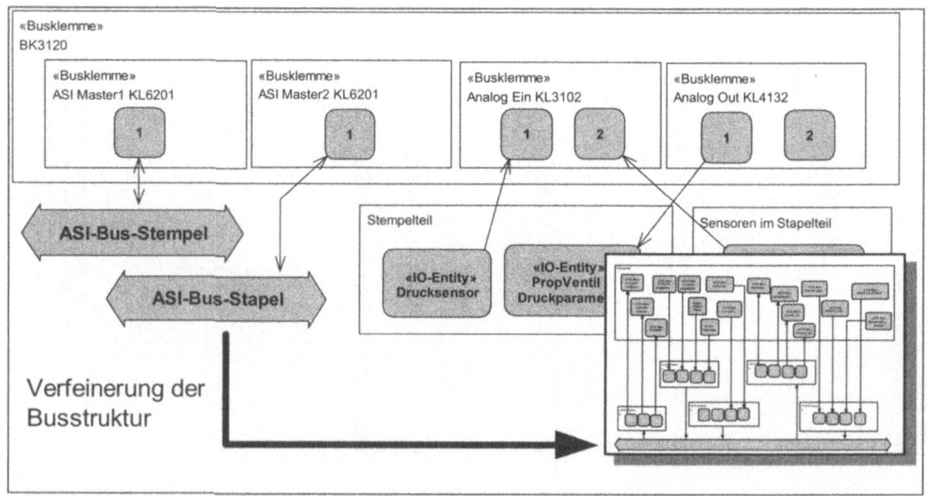

Abb. 5. Systemarchitektur und hierarchische Verfeinerung der Busstruktur

4 Evaluation

Anhand der praktischen Umsetzung an der Beispielanlage konnte die hier beschriebene Vorgehensweise und der Codegenerator validiert und verifiziert werden. Im Rahmen von verschiedenen Präsentationen wurde demonstriert, dass die Beispielanlage korrekt durch den erzeugten Code gesteuert wird und dass Änderungen im Modell und die anschließende Neugenerierung des Codes den gewünschten Effekt bei der Steuerung der Beispielanlage erzielen. Ebenso konnte die Funktionalität der automatischen Projektierung unter Beweis gestellt werden.

Eine erste Evaluation mit Industrieanwendern wurde durch die Vorstellung der Arbeiten und einer Prototypendemonstration mit anschließenden Expertenbefragung realisiert. Diese Experten entstammten Unternehmen mit verschiedenen Blickwinkeln auf die Automatisierungstechnik. Darunter sind ein IEC 61131-3 Systementwickler und drei Anbieter von IEC 61131-3 Laufzeitsystemen. Die Laufzeitsystemanbieter verfügen alle über eine Systemintegratoren-Abteilung und über Kunden in gleichen aber auch speziellen Marktsegmenten.

Ob sich eine Codegenerierung auf Basis eines objektorientierten Paradigmas und der UML auch an einer komplexeren Anlage als erfolgreich anwendbar erweist und ob sich die aus der Anwendungsentwicklung bekannten Vererbungsmechanismen auf die Automatisierungstechnik im Sinne von Modularisierung bzw. Variantenbildung übertragen lassen, wurde unterschiedlich beurteilt und muss weiter untersucht werden [9].

Als Schwächen wurden identifiziert:

- Mehrdeutigkeit von Vererbungs- und Aggregationsstrukturen
- schlechte Anwendbarkeit und Undurchsichtigkeit der Vererbung für die Zielgruppe (Entwickler von Steuerungssoftware)
- Seiteneffekte bei komplexen Vererbungshierarchien im Falle einer Änderung auf oberen Klassenebenen sind nicht transparent
- Ein Objekt besteht aus automatisierungstechnischer Hard- und Software. Die Einbeziehung der mechanischen Hardware bzw. weiterer Gewerke, wie der Hydraulik, wurde bisher vernachlässigt. Die Betrachtung der Module in den verschiedenen Phasen des Entwicklungszyklus erfordert eine weit über die UML hinausgehende Modellierung und Sichtweise auf Objekte. Die Realisierung einer gewerkeübergreifenden Modulthek für kleine Funktionseinheiten (bspw. ein Spannzylinder) wurde als wünschenswert angesehen, ebenso die objektorientierte Modellierung mit allen Gewerken (Projektierung, Automatisierungstechnische Hard- und Software, elektrotechnische Hardware, Visualisierung, Verkabelung, Simulation sowie Test).

Die Vorteile der Objektorientierung kommen aufgrund der noch ausstehenden Implementierung von Vererbungsmechanismen nicht zum Tragen. Die Vorteile, aber auch die Probleme, werden sich erst mit der Anwendung an einer komplexeren Anlage zeigen. Deshalb ist es nötig dieses Verfahren bzgl. der Modellierung beliebig großer Systeme zu erweitern und Mechanismen, wie Vererbung zu berücksichtigen. Dies wird die Verwaltung von Varianten und Modulen deutlich vereinfachen. Hierzu liegen ebenfalls Konzepte vor [8].

Entscheidend für die Beurteilung der Objektorientierung aus Sicht der Unternehmen waren die Kundenanforderungen, welche in hohem Maße aus der Branche und ihrer Innovationsfreude resultieren.

5 Zusammenfassung und Ausblick

Der Beitrag stellte einen Ansatz vor, der es erlaubt aus einem UML Modell den Code sowie Projektierungsinformationen für eine automatisierungstechnische Anlage zu generieren. Die eingesetzten Werkzeuge und Methoden wurden vorgestellt. Es wurde auf die objektorientierte Verwendung der IEC 61131-3 eingegangen und Möglichkeiten aufgezeigt, Hardwarestrukturen abzubilden.

Ein Hauptargument gegen eine UML-Modellierung mit Codegenerierung ist der fehlende „Rückweg". Es wird gefordert, dass z.B. der Inbetriebnehmer direkt im IEC 61131-3 Code Änderungen vornehmen kann und dass diese Änderungen konsistent in das Gesamtmodell zurück fließen. Dies ist mit einer IEC 61131-3, so wie sie heute existiert, nicht möglich. Aber eine Erweiterung der IEC 61131-3 um Konstrukte der Objektorientierung wird bereits diskutiert. Sollten diese Konstrukte mit in die Norm aufgenommen werden, wären eine Rückübersetzung und die Anwendung der UML ohne semantische Brüche möglich.

Literaturverzeichnis

1. John KH, Tiegelkamp M: SPS-Programmierung mit IEC 1131-3. Springer, Berlin, Heidelberg, 1995.
2. Hruschka P, Rupp C: Agile Softwareentwicklung für Embedded Real-Time Systems mit der UML. Carl Hanser, München, Wien, 2002.
3. Witsch D: Prototypische Realisierung der Systementwicklung mit Ansätzen der agilen UML für die Automatisierungstechnik. Lehrstuhl für Automatisierungstechnik / Prozessinformatik, Fakultät E, Bergische Universität Wuppertal, 2004.
4. Artisan Real-Time Studio: www.artisansw.com/products/professional_overview.asp
5. CoDeSys: www.3s-software.com/index.shtml?ProductTour
6. Beckhoff TwinCat: www.beckhoff.de/german/twincat/default.htm
7. Vogel-Heuser B: Systems, Software, Engineering. Angewandte Methoden des Systementwurfs für Ingenieure. Oldenbourg Industrieverlag, München, 2003.
8. Katzke U, Fischer K, Vogel-Heuser B: Analysis and state of the art of modules in industrial automation. In: atp international, 2(2004) 1. Oldenbourg Industrieverlag, München, 2003.
9. Fischer K, Göhner P, Gutbrodt F, Katzke U, Vogel-Heuser B: Conceptual Design of an Engineering Model for Product and Plant Automation. In: Ehrig H et al. (Hrsg.): Integration of Software Specification Techniques for Applicatoins in Engineering. Lecture Notes of Computer Science. Springer, Berlin, 2004.

An PEARL orientiertes Echtzeit-PES für sicherheitsgerichtete Anwendungen

Martin Skambraks

Fachbereich Elektrotechnik und Informationstechnik
FernUniversität, 58084 Hagen
martin.skambraks@fernuni-hagen.de

Zusammenfassung. Ein programmierbares elektronisches System (PES) wird präsentiert, welches in besonderem Maße für sicherheitskritische Anwendungen geeignet ist. Zu den wesentlichen Merkmalen gehören Ablaufsteuerung ohne Verwendung von Unterbrechungssignalen sowie die Task-Einplanung in direktem Bezug zur gesetzlichen Zeit (UTC). Sowohl die Hardware-Struktur als auch die Arbeitsweise des PES zeichnen sich durch besondere Einfachheit aus, woraus ein hohes Maß an Verlässlichkeit und Sicherheit folgt, die Verifikation erleichtert wird und die Kosten für eine Sicherheitszertifizierung reduziert werden.

1 Einleitung

Heutzutage ist der Einsatz programmierbarer elektronischer Systeme (PES) in sicherheitskritischen Anwendungen nicht mehr ungewöhnlich. Dennoch ist die Sicherheitszertifizierung solcher kombinierter Software-/Hardware-Systeme meistens problematisch. Dabei resultieren die Probleme weniger aus der Berücksichtigung unvermeidbarer spontaner physikalischer Ausfälle als vielmehr aus der Komplexität solcher Systeme, die einen enormen Aufwand zur (formalen) Verifikation nach sich zieht.

Die Sicherheitsnorm IEC 61508 begrenzt die Komplexität solcher Systeme indirekt, indem sie den Einsatz einiger konventioneller Verarbeitungsmethoden einschränkt. Als Beispiel seien hier die Richtlinien zum Programmentwurf aus Teil 3 der Norm genannt, welche für Applikationen, die den beiden höheren Sicherheitsanforderungsklassen SIL 3 und SIL 4 genügen müssen, die Verwendung dynamischer Objekte und Variablen verbieten und nur die eingeschränkte Verwendung von Unterbrechungen und Zeigervariablen erlauben (Teil 3, Tabelle B1). Zudem schreibt die Norm für Anwendungen auf dem Niveau von SIL 4 vor, formale Methoden bei der Verifikation zu verwenden (Teil 3, Tabelle A1). Dies schließt den Einsatz konventioneller task-basierter Echtzeitsysteme, bestehend aus Mikroprozessor und Mehrprozessbetriebssystem, für letztere Applikationen aus, da deren Tasks unterbrechungsgesteuert verwaltet werden. Zudem ist das Zeitverhalten dieser Systeme so komplex, dass eine formale Verifikation einen nicht zu erbringenden Aufwand darstellt bzw. überhaupt nicht möglich ist. Daher können derzeit verfügbare task-basierte Echtzeitsysteme höchstens für das Sicherheitsintegritätsniveau 3 zertifiziert werden.

Das hier vorgestellte PES stellt ein task-basiertes Echtzeitsystem dar, welches hinsichtlich einer Sicherheitszertifizierung den höchsten Ansprüchen der Norm IEC 61508 genügt. Erreicht wird dies durch eine strikte Trennung zwischen dem Betriebssystem und dem Anwendungsprozessor. Das Echtzeitbetriebssystem verwirklicht die von PEARL her bekannten Konzepte zur Task-Bearbeitung in Form einer digitalen Logikschaltung. Hierdurch sind sowohl auf UTC-Zeit bezogene Task-Einplanungen als auch sehr kurze Reaktionszeiten möglich. Die Zeit ist eingeteilt in diskrete Verarbeitungsintervalle und Tasks setzen sich aus einer Anzahl an Verarbeitungsblöcken zusammen. Dieses Konzept macht die Verwendung von Unterbrechungssignalen überflüssig und erhöht somit die Konformität mit dem Sicherheitsstandard IEC 61508. Zudem vereinfacht sich die Architektur des Prozessors und das Zeitverhalten des Gesamtsystems.

In diesem Artikel wird zunächst die Position des PES in Relation zu konventionellen Systemen diskutiert. Die Ausführbarkeit der Anwendungs-Software und das verwendete Task-Zustandsmodell werden im dritten Abschnitt erläutert. Anschließend werden das Prinzip der unterbrechungslosen Task-Verarbeitung erklärt und dessen Vorteile hinsichtlich einer Sicherheitszertifizierung dargestellt. Auf die Struktur und die Arbeitsweise des PEARL-konformen Betriebssystems wird im fünften Abschnitt eingegangen. Schließlich folgen Anmerkungen zur Integration in ein sicherheitsgerichtetes Gesamtkonzept bevor zusammenfassend der Stand der Arbeiten und weitere Vorhaben genannt werden.

2 Eigenschaften verfügbarer PES

Die verfügbaren PES, welche derzeit in sicherheitskritischen Anwendungen eingesetzt werden, können in zwei Klassen eingeteilt werden: *(strikt) zyklisch arbeitende PES* und *task-basierte PES.*

Zyklisch arbeitende PES führen Anwendungsrogramme in Verarbeitungszyklen konstanter, fest vorgegebener Dauer aus. Dabei wird ein Anwendungsprogramm innerhalb eines Zyklusses vollständig durchlaufen. Die strikt zyklische Arbeitsweise erlaubt bedingungsgesteuerte Verzweigungen lediglich in begrenztem Umfang; ein vollständig prozessgesteuerter Programmfluss ist nicht möglich. Daher können solche Systeme nur für einfache Steuerungsaufgaben eingesetzt werden. Umfangreiche Routinen führen zu großen Zykluszeiten, wodurch sich die Reaktionszeit erhöht. Zudem gestaltet sich der Einsatz für mehrere Aufgaben mit stark unterschiedlichen Antwortzeitanforderungen schwierig, bzw. erhöht die Komplexität der Anwendungssoftware unnötig. Der wesentliche Vorteil ist die inhärente Einfachheit solcher Systeme. Sowohl die Architektur und das Zeitverhalten solcher PES, als auch die Anwendungs-Software sind von geringer Komplexität. Hierdurch wird nicht nur der Aufwand zur Sicherheitszertifizierung minimiert, sondern auch der Einsatz in Applikationen des höchsten Sicherheitsintegritätsniveaus (SIL4) ermöglicht.

Task-basierte PES führen ihre Anwendungs-Software unterbrechungsgesteuert aus. Hierdurch ist sowohl ein beliebig prozessgesteuerter Programmfluss, als auch die asynchrone Verarbeitung unterschiedlicher Aufgaben möglich. Zur

Task-Synchronisation sind spezielle Mechanismen wie Semaphoren notwendig. Die Arbeitsweise erlaubt den Einsatz auch für umfangreiche Steuerungsaufgaben. Wenngleich die asynchrone, task-basierte Programmierung im Vergleich zu zyklisch abgearbeitetem Programmcode wesentlich problemangepasster – und somit auch überschaubarer – ist, so besitzt diese PES-Klasse dennoch eine unvermeidbar hohe Komplexität. Diese resultiert einerseits aus der Komplexität der Hardware (Prozessor) und des Echtzeitbetriebssystems, andererseits aus deren Zusammenspiel mit der Anwendungssoftware.

Die Komplexität des Prozessors wird durch das unabdingbare Unterbrechungswerk erhöht, welches nicht zur eigentlichen Programmausführung dient, sondern lediglich das Betriebssystem unterstützt. Die Komplexität des Betriebssystems ergibt sich meist aus Performance-Gründen. Um die Reaktionszeit von Echtzeitsystemen möglichst kurz zu halten, sind Echtzeitbetriebssyteme meistens in mehrere Schichten gegliedert (vgl. das Betriebssystemmodell in [5]). Dabei bearbeitet die unterste Schicht besonders zeitkritische Aufgaben von geringem Ausmaß; umfangreichere Aufgaben werden von höheren Schichten bearbeitet. Die Minimierung des Rechenaufwandes der Betriebssystemkernfunktionen ist eine weitere Möglichkeit, um Reaktionszeiten kurz zu halten. Daher werden meistens prioritätenbasierte (Prozessor-)Zuteilungsstrategien eingesetzt, obwohl zeitbasierte Strategien, die einen höheren Rechenaufwand verursachen, den Anforderungen an Echtzeitsysteme besser gerecht werden. Sofern die Prozessoren überhaupt zeit-basiert zugeteilt werden, entspricht die verwendete Zeit meist nicht dem UTC-Standard. Eine auf UTC-Zeit bezogene Ablaufprotokollierung, die für die meisten sicherheitskritischen Anwendungen unabdingbar ist, verlangt daher eine Umrechnung der Systemzeit in UTC-Zeit. Die Notwendigkeit solcher Zeitumrechnungen sowie die oben genannte Gliederung des Betriebssystems in Schichten erhöhen die Komplexität von Echtzeitbetriebssystemen beträchtlich. Die Komplexität des Zusammenspiels von Prozessor, Betriebssystem und Anwendungs-Software folgt aus der Einteilung in unterbrechbare und nicht-unterbrechbare Programmteile, der Abhängigkeit der Task-Ausführungszeiten vom Prozess sowie dem Einsatz von Mechanismen zur Task-Synchronisation.

Das hier vorgestellte PES-Konzept kombiniert die Vorteile beider PES-Klassen. Verarbeitet wird ‚unterbrechungslos' in diskreten Intervallen, dennoch sind beliebige prozessgesteuerte Programmflüsse möglich. Somit ist der Einsatzbereich nicht auf einfache Steuerungsaufgaben begrenzt.

3 Ausführbarkeit der Anwendungs-Programme

Wird ein task-basiertes Echtzeitsystem in sicherheitskritischen Anwendungen eingesetzt, so muss die zeitgerechte Ausführbarkeit der gegebenen Task-Menge (bzw. Anwendungs-Software) in jeder möglichen Situation garantiert sein. Aus diesem Grund verwirklicht das PES ein besonders einfaches Task-Zustandsmodell auf Hardware-Ebene, welches den formalen Nachweis der Ausführbarkeit inhärent unterstützt. Das Modell basiert auf den *Ausführungseigenschaften* *maximale Ausführungszeit* t_C, *maximale Anwortzeit*

t_B und *minimale Aktivierungsperiode* t_T, welche das Zeitverhalten einer jeden Task spezifizieren. Abbildung 1 zeigt das Modell. Es unterscheidet sich von anderen (vgl. z. B. [5]) durch den Zustand *Unterdrückt*.

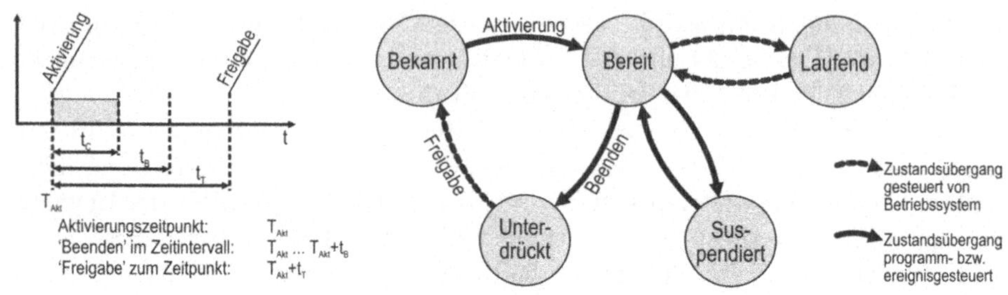

Abb. 1. Das verwendete Task-Zustandsmodell

Die minimale Aktivierungsperiode entspricht der minimalen Zeitdauer zwischen zwei Task-Aktivierungen; sie begrenzt die maximal hervorgerufene Prozessorlast indirekt. Nur eine Task, die sich im Zustand *Bekannt* befindet, kann aktiviert werden. Wird die Bearbeitung einer Task vor Ablauf der Zeit t_T abgeschlossen, so wird diese Task in den Zustand *Unterdrückt* überführt. Erst nach Ablauf von t_T wird die Task wieder in den Zustand *Bekannt* versetzt, wodurch eine erneute Aktivierung möglich wird.

Die genannten Ausführungseigenschaften ermöglichen den formalen Nachweis der Ausführbarkeit der Anwendungs-Software. Entsprechende Ausführbarkeitsbedingungen sind bereits bekannt, allerdings soll auf deren Erläuterung im Rahmen dieses Artikels verzichtet werden. Es sind zahlreiche Publikationen verfügbar, die die Ausführbarkeit einer zum Modell passenden Task-Menge behandeln (z. B. [4], [7]).

4 Unterbrechungslose Task-Verarbeitung

Der formale Nachweis der Ausführbarkeit gestaltet sich für konventionelle ‚unterbrechende' Echtzeitsysteme schwierig, da der Programmablauf stark von den Erscheinungszeitpunkten von Ereignissen abhängig ist. Jede Unterbrechung verursacht eine Kontextumschaltung des Prozessors, die wiederum die tatsächlichen Antwortzeiten aller Tasks beeinflusst. Zusätzlich erschwert die Einteilung in unterbrechbare und nicht unterbrechbare Programmteile den formalen Nachweis der Ausführbarkeit. Aus diesem Grund verbietet der Sicherheitsstandard IEC 61508 die Verwendung von Unterbrechungen für Anwendungen des Sicherheitsintegritätsniveaus 4.

Das hier vorgestellte PES verarbeitet Tasks ‚unterbrechungslos'. Erreicht wird dies durch eine strikte physikalische Trennung von Anwendungsprozessor und Echtzeitbetriebssystem. Die Anwendungsprozessoreinheit (APE) führt den anwendungsspezifischen Programmcode aus. Die APE besteht aus einem Prozessor ohne Unterbrechungswerk sowie getrennten Programm- und Datenspeichern (Harvard-Architektur). Die Echtzeitbetriebssystemeinheit (EBE) verwirklicht die Funktionen zur Taskverwaltung und Prozessorzuteilung. Der Prozessor wird gemäß der Strategie nach nächsten Antwortzeiten (EDF: Earliest-Deadline-First) zugeteilt. Die Ergebnisse von Henn in [2] belegen, dass diese Strategie in jedem Fall eine zeitgerechte Prozessorbelegung erzeugt, vorausgesetzt die Einhaltung der Zeitbedingungen einer gegebenen Task-Menge ist theoretisch überhaupt möglich.

Die Zeit wird in diskrete, gleich lange *Verarbeitungsintervalle* eingeteilt. Tasks bestehen aus einer Anzahl an *Task-Abschnitten*, die jeweils innerhalb eines Verarbeitungsintervalls ausgeführt werden. Die Verarbeitungsintervalle bestimmen den zyklischen, synchronen Arbeitstakt der Betriebssystemeinheit (EBE) und des Anwendungsprozessors. Die Task-Abschnitte besitzen die folgenden Eigenschaften:

- Jeder Task-Abschnitt kann vollständig innerhalb eines Verarbeitungsintervalles ausgeführt werden.
- Die Ausführung eines Task-Abschnittes ist nicht unterbrechbar.
- Der Datenaustausch zwischen Task-Abschnitten findet über den Datenspeicher statt; der Inhalt der Prozessorregister geht am Ende eines Verarbeitungsintervalls verloren.
- Jeder Task-Abschnitt besitzt einen Identifikator.
- Die Abschnitte einer Task müssen nicht in einer fest vorgegebenen Reihenfolge ausgeführt werden. Für jede Task speichert die EBE einen *Zeiger*, der den als nächsten auszuführenden Task-Abschnitt identifiziert.

Zu Beginn jedes Verarbeitungsintervalls gibt die EBE den *Identifikator* des als nächsten auszuführenden Task-Abschnitts aus. Dieser Identifikator entspricht dem gespeicherten *Zeiger* der gemäß dem Prozessorzuteilungsalgorithms auszuführenden Task. Die APE liest den Identifikator und führt den zugehörigen Task-Abschnitt aus. Gegen Ende des Verarbeitungsintervalls, wenn der Task-Abschnitt abgearbeitet worden ist, übergibt die APE einen Identifikator an die EBE. Dieser Identifikator, welcher den nächsten auszuführenden Abschnitt der soeben ausgeführten Task kennzeichnet, wird von der EBE als neuer *Zeiger* gespeichert. Das Flussiagramm in Abbildung 2 veranschaulicht diese Arbeitsweise.

Wenn der ausgeführte Task-Abschnitt der letzte war, d. h. die zugehörige Task ist vollständig abgearbeitet worden, gibt die APE den Identifikator ‚Nil' aus. In diesem Fall überführt die EBE die Task vom Zustand ‚Aktiviert' in den Zustand ‚Bekannt' (bzw. ‚Unterdrückend'). Gleichzeitig wird das Bearbeitungsende bei der Bestimmung des Identifikators des als nächstes auszuführenden Task-Abschnitts berücksichtigt. Aus diesem Grund bestimmt die EBE nicht nur die Task mit der nächsten Antwortzeit, sondern auch die Task mit der übernächsten Antwortzeit. Dadurch ist es der EBE möglich, den *Zeiger* der übernächsten Task ohne Verzögerung auszugeben, falls die Bearbeitung der Task mit der nächsten Antwortzeit im laufenden Verarbeitungsintervall abgeschlossen wurde.

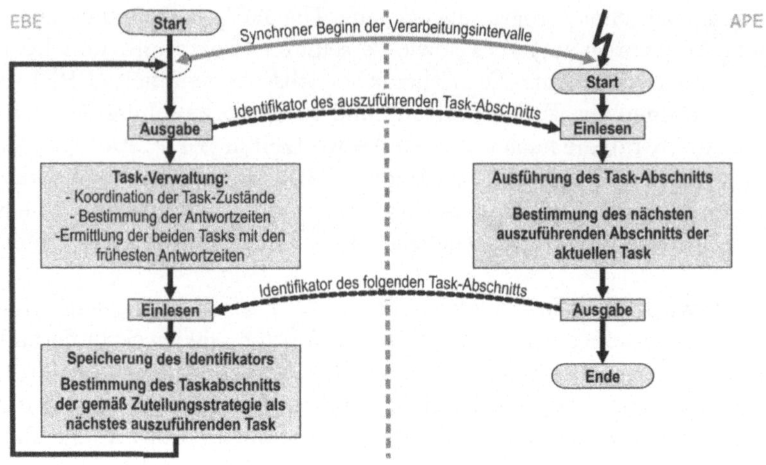

Abb. 2. ‚Unterbrechungslose' Task-Verarbeitung

5 PEARL-konformes Betriebssystemkonzept

Das Betriebssystem des hier vorgestellten PES basiert auf den Task-Verarbeitungskonzepten der Echtzeitprogrammiersprache PEARL, welche durch den Standard DIN 66253-2 spezifiziert ist. Ein wesentliches Merkmal dieser Sprache ist der direkte Zeitbezug des Programmcodes [6], wodurch eine sehr exakte und besonders problem-orientierte Spezifizierung von Zeitbedingungen ermöglicht wird [1]. Nachfolgend ist die PEARL-Befehlssyntax zur periodischen Task-Aktivierung innerhalb eines gegebenen Zeitfensters aufgeführt.

```
AT {clock-expression | [interrupt-expression] + duration1}
EVERY duration2 DURING duration3 ACTIVATE task-name
```

Dies ist die allgemeinste Form eines Plans zur Task-Aktivierung [5]. Die schaltungstechnische Realisierung der EBE unterstützt derartige Aktivierungspläne inhärent. Hierzu ist jeder Task ein Parametersatz zugeordnet, der die Konfigurierung verschiedener Aktivierungsbedingungen ermöglicht. Diese *Task-Parameter* sind in einer *Task-Liste* zusammengefasst.

Ein perfektes Echtzeitbetriebssystem überwacht permanent die Aktivierungsbedingungen aller Tasks und informiert stets über die Task, die gemäß der Zuteilungsstrategie gerade ausgeführt werden muss. Diese Forderung nach kontinuierlicher Arbeitsweise führt zu der Zielvorstellung, ein Echtzeitbetriebssystem in Form einer digitalen Logikschaltung zu implementieren, welche die parallele Ausführung der Kernelalgorithmen für alle Tasks erlaubt. Leider verlangt selbst die Implementierung einer vereinfachten Form des oben dargestellten Aktivierungsplans wenigstens zwei Vergleiche und zwei Additionen von Zeitwerten pro Task, wobei die Zeitwerte mit einer Auflösung von mehr als 24 Bit dargestellt werden sollten. Wird zudem berücksichtigt, dass typische Echtzeitanwendungen aus 10 bis 50 Tasks bestehen, so wird der unakzeptabel hohe Hardware-Aufwand einer vollständig parallel arbeitenden Digitalschaltung offensichtlich.

Aus diesem Grund basiert die gewählte schaltungstechnische Realisierung der EBE auf einer Kombination aus sequentieller und paralleler Verarbeitung. Die Algorithmen wurden so strukturiert, dass alle auf eine einzelne Task bezogenen Operationen parallel durchgeführt werden können; wohingegen die gesamte Task-Menge sequentiell verarbeitet wird. Abbildung 3 veranschaulicht diese Arbeitsweise. Sie zeigt die Hauptkomponenten der Echtzeitbetriebssytemeinheit (EBE): die *Task-Parameter-Verwaltung (TPV)* und die *Taskzustandssteuerung (TZS)*.

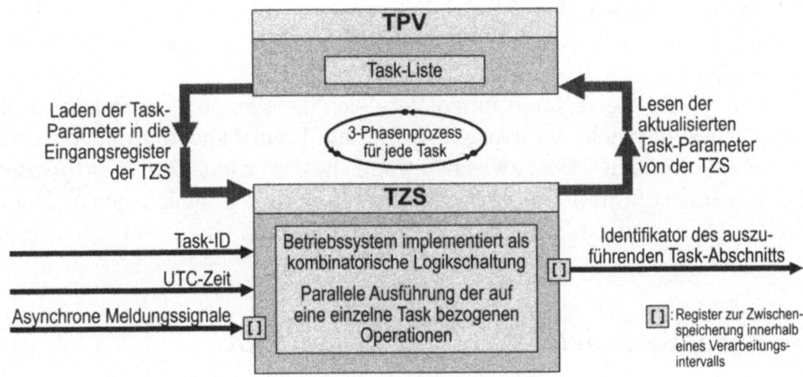

Abb. 3. Arbeitsweise der schaltungstechnisch implementierten EBE

Die TPV verwaltet die *Task-Liste*, die einen Datensatz für jede Task enthält. Jeder Datensatz umfasst Angaben zum aktuellen Task-Zustand, zu den Aktivierungsbedingungen und zu den Ausführungseigenschaften (z. B. Antwortzeit t_B) der Task. Die Task-Liste besitzt eine feste Größe, d. h. alle Tasks einer Anwendung müssen bereits während der Konfigurierung des Systems in die Liste eingetragen werden. Somit ist die dynamische Instantiierung von Tasks (bzw. Objekten) nicht möglich, was mit den Anforderungen der IEC 61508 an SIL4-Applikationen einhergeht. Lediglich die Aktivierungsbedingungen einer Task können programmgesteuert verändert werden.

Die TPV kooperiert bei der sequentiellen Verarbeitung der Tasks eng mit der TZS. Hierzu stößt die TPV für jede Task einen drei-phasigen Prozess an:

1. In der ersten Phase greift die TPV auf die Task-Liste zu und überträgt die Task-Parameter zu dafür vorgesehenen Eingangsregistern der TZS.
2. Anschließend verarbeitet die TZS die Task-Parameter. Dies geschieht durch eine kombinatorische Logikschaltung innerhalb eines Taktzyklusses.
3. In der dritten Phase liest die TPV die aktualisierten Task-Parameter von der TZS und speichert diese in der Task-Liste.

Dabei erstreckt sich die Zuständigkeit der TZS auf die folgenden Aufgaben:

1. Überprüfung der Aktivierungsbedingungen einer Task (Dies schließt die Auswertung von Zeitplänen und asynchronen Meldungssignalen ein)
2. Koordination von Task-Zustandsübergängen,
3. Berechnung der geforderten Antwortzeiten,
4. Generierung der aktualisierten Task-Parameter,
5. Bestimmung der Tasks mit der nächsten und der übernächsten Antwortzeit,
6. Ausgabe des Identifikators des als nächsten auszuführenden Task-Abschnitts

Die ersten vier Aufgaben können für jede Task separat durchgeführt werden. Dies ermöglicht deren zeitgleiche Bearbeitung durch eine rein kombinatorische Digitalschaltung. Diese Schaltung, welche zugleich die wichtigsten und kritischsten Funktionen eines Echtzeitbetriebssystems realisiert, besitzt eine inhärent einfache Struktur – insbesondere im Vergleich zu einer herkömmlichen Software-Implementierung.

Die fünfte Aufgabe verlangt einen Vergleich der Antwortzeiten aller aktivierten Tasks. Dies geschieht sequentiell, wobei die Identifikatoren der am dringensten zu verarbeitenden Tasks zwischengespeichert werden. Der *Identifikator* des als nächsten auszuführenden Task-Abschnitts wird schließlich gegen Ende des Verarbeitungsintervalls ausgegeben, nachdem die APE einen Identifikator an die EBE übergeben hat.

6 Sicherheitsgerichtetes Gesamtkonzept

Für den Einsatz in sicherheitskritischen Anwendungen, müssen die bisher beschriebenen *besonders einfachen* Konzepte in ein Gesamtkonzept integriert werden, welches die Wahrscheinlichkeit von Systemausfällen durch (spontane) Hardware-Ausfälle minimiert. Der Sicherheitsstandard IEC 61508 empfiehlt diverse Techniken, um den Einfluss spontaner (Hardware-)Ausfälle zu reduzieren. Hierzu gehören beispielsweise die Verwendung redundanter Speicherbänke oder der Einsatz mehrerer Mikroprozessoren in Verbindung mit einem Mehrheitsentscheider. Leider decken die empfohlenen Techniken in der Regel nur ein geringe Anzahl an Fehlerquellen ab, weshalb eine Kombination zahlreicher Techniken notwendig ist. Dies erhöht die Komplexität des Gesamtsystems beträchtlich und widerspricht somit unserem obersten Entwurfsziel Einfachheit.

Aus diesem Grund wurde ein bisher eher ungewöhnlicher, aber ganzheitlicher Ansatz gewählt. Anstatt innerhalb des PES redundante Komponenten einzusetzen, wurde das PES selbst für eine redundante Konfiguration konzipiert. Jede PES-Instanz gibt einen *Seriellen Datenstrom (SDS)* aus, der fortlaufend die interne Verarbeitung beschreibt. Diese Datenströme, die den internen Zustand eines PES exakt zu bestimmen ermöglichen, werden an alle redundanten PES-Instanzen weitergeleitet. Sie dienen drei Sicherheitsfunktionen:

- *Erkennung von Verarbeitungsfehlern:* Jedes PES vergleicht seinen SDS mit den empfangenen SDS um Verarbeitungsfehler aufzudecken.
- *Neuaufsetzen im laufenden Betrieb:* Nach einem kurzzeitigen Ausfall eines PES ermöglichen die SDS der redundanten Einheiten, den internen Zustand zu kopieren und den Betrieb zur Laufzeit wieder aufzunehmen.

- *Aufzeichnung des Ausführungsgeschehens:* Ein SDS ermöglicht die Protokollierung des Ausführungsgeschehens (z. B. für eine spätere Programmflussanalyse). Die Aufzeichnung kann von einer separaten Einheit durchgeführt werden, an die evt. geringere Sicherheitsanforderungen gestellt werden.

Die SDS sind in *Übertragungszyklen* organisiert, die den Verarbeitungsintervallen entsprechen. In jedem Zyklus wird ein festgelegtes Datenvolumen übertragen. Damit alle internen Datenänderungen (bzw. Zustandsänderungen) eines PES zeitgerecht übertragen werden können, muss deren Häufigkeit begrenzt sein. Hierzu ist für die APE die Anzahl an schreibenden Datenspeicherzugriffen innerhalb eines Verarbeitungsintervalls beschränkt. Da zudem die maximale Anzahl an Task-Aufrufen durch die *Ausführungseigenschaften* limitiert ist, kann die Häufigkeit von Zustandsänderungen in der EBE und der APE einen bestimmten Grenzwert nicht überschreiten. Die Berechnung dieses Grenzwertes erlaubt, die Übertragbarkeit des durch die Zustandsänderungen verursachten Datenvolumens formal nachzuweisen.

Zur Bestimmung des internen PES-Zustandes muss ein SDS über eine fest vorgegebene Zeitdauer beobachtet werden. Innerhalb dieser Zeitspanne ist garantiert, dass der SDS sowohl die aktuellen Datenänderungen, als auch alle sich nicht verändernden PES-Daten überträgt. Die vollständige Übertragung aller aktuellen Datenänderungen ist nicht zum Ende eines jeden Verarbeitungsintervalls gewährleistet. Theoretisch ist es möglich, dass alle Tasks zeitgleich aktiviert werden. Die damit verbundenen Datenänderungen in der EBE (z. B. Speicherung der Aktivierungszeitpunkte) würden das Datenvolumen eines SDS Übertragungszyklusses überschreiten. Daher werden in solchen Fällen die Datenänderungen in mehreren aufeinander folgenden Zyklen übertragen. Ein spezielles Verfahren minimiert den Umfang der zu übertragenden Datenänderungen und kennzeichnet die Zyklen, nach denen die aktuellen Datenänderungen vollständig übertragen wurden.

Zur Kommunikation besitzt das PES *eine* Schnittstelle, die sowohl die redundanten PES-Instanzen untereinander verbindet als auch zum Datenaustausch mit der Prozessperipherie (z. B. Sensoren, Aktoren) dient. Aufgrund der geringen Hardware-Anforderungen und der Einfachheit des Interbus-S [3] ist das Kommunikationsverfahren an diesen Feldbus angelehnt. Alle Systemkomponenten, d. h. die PES-Instanzen, Sensoren, Aktoren usw., sind zu einem Ring verbunden und die Daten werden wie in einem Schieberegister von einem Teilnehmer zum nächsten weitergeschoben. Die Daten werden zyklisch synchron zu den Verarbeitungsintervallen übertragen; innerhalb eines Intervalls passiert ein Datenwort alle Teilnehmer. Ein spezielles Verbindungsschema, welches auf einem zweiten (bzw. dritten) Kommunikationsring basiert, garantiert die Verfügbarkeit sowohl bei Leitungsunterbrechungen als auch bei Ausfall von Teilnehmern.

7 Zusammenfassung

Es wurde ein neuartiges, für sicherheitskritische Anwendungen besonders geeignetes PES-Konzept vorgestellt. Was dieses Konzept von anderen unterscheidet ist, dass Einfachheit als zentrale Entwurfsleitlinie konsequent verfolgt wurde.

Die erzielte, architekturbedingte Einfachheit erleichtert die Verifikation und reduziert so die Kosten einer Sicherheitszertifizierung.

Das Konzept basiert auf strikter physikalischer Trennung von Anwendungsprozessor und Echtzeitbetriebssystem. Das Betriebssystem ist in Form einer anwendungsspezifischen Logikschaltung implementiert, wodurch sich eine extrem kurze Reaktionszeit garantieren lässt, ohne dass eine Gliederung in mehre Schichten notwendig wäre. Zudem ist eine UTC-konforme Verarbeitung von Zeitwerten ohne nennenswerte Erhöhung der Rechenzeit möglich. Dies vereinfacht den Einsatz des Zuteilungsverfahrens nach nächsten Antwortzeiten und erlaubt, die Tasks auf UTC-Zeit bezogen zu verwalten. Mit den hierzu festgelegten Ausführungseigenschaften ist der formale Nachweis der Ausführbarkeit einer Task-Menge (bzw. der Anwendungs-Software) direkt möglich.

Ein auf Datenströmen basierendes Verfahren sorgt für Aufrechterhaltung des Betriebs bei Hardware-Ausfällen. Dieses SDS-Verfahren deckt alle möglichen Fehlerursachen innerhalb des PES ab, unterstützt Wiederaufnahme im laufenden Betrieb und erlaubt, das Ausführungsgeschehen extern aufzuzeichnen. Das Kommunikationsverfahren kombiniert hohe Ausfallsicherheit und geringe Verdrahtungskosten mit besonders einfacher Struktur und rundet so das sicherheitsgerichtete Gesamtkonzept ab.

Alle Komponenten des PES arbeiten zyklisch synchron. Dies vereinfacht das Zeitverhalten des Systems und – in Konsequenz – erleichtert die formale Verifikation der Anwendungs-Software. Im Gegensatz zu den meisten anderen zyklisch operierenden PES ist das System für beliebige, bedingungsgesteuerte Programmflüsse geeignet.

Zahlreiche Aspekte konnten in diesem Artikel nicht behandelt werden. Der interessierte Leser ist eingeladen, den Autor für weitergehende Informationen anzusprechen.

Literaturverzeichnis

1. GI Fachgruppe 4.4.2. *PEARL90 Language Report.* (Realtime programming, PEARL), Bonn, 1998.
2. R. Henn. *Deterministische Modelle für die Prozessorzuteilung in einer harten Realzeit-Umgebung.* Dissertation, Technische Universität München, 1975.
3. R. Langmann. *Interbus: Technologie zur Automation.* Carl Hanser Verlag, München, 1999.
4. T.J. Teixeira. Static priority interrupt scheduling. In *7th Texas Conference on Computing Systems*, Conference Proceedings, Seiten 5.13 – 5.18, November 1978.
5. W. A. Halang und A. D. Stoyenko. *Constructing Predictable Real Time Systems.* Kluwer Academic Publishers, Boston, 1991.
6. G. Hamuda und G. Tsai. Formal specification of a real-time operating systems's component. In *Real-Time Programming 2003*, WRTP Conference Proceedings. Elsevier Science Ltd., 2003.
7. P.G. Sorenson und V.C. Hamacher. A real-time system design methodology. *INFOR*, 13(1):1 – 18, 1975.

Messmethoden zur Eignung von Gigabit-Ethernet für Echtzeit-Anwendungen

I. Heller, R. Karch, R. Kleineisel, B. König und S.Kraft

Regionales Rechenzentrum Erlangen (RRZE)
der Universität Erlangen-Nürnberg
Martensstrasse 1
D- 91058 Erlangen

Zusammenfassung. In der vorliegenden Arbeit werden Messungen vorgestellt, bei denen ein passives Messsystem zur Charakterisierung von Verkehrsströmen in IP-Netzen verwendet wird. Im Gegensatz zu aktiven Messsystemen wird hier der tatsächliche auftretende Verkehr beurteilt. Messgrößen sind dabei Paketlaufzeiten zwischen zwei Punkten, die Netzlast an einem Punkt und Verkehrscharakteristika wie Paketlängen und Paketgrößenverteilungen. Die Messungen fanden an einem bzw. zwischen zwei Knoten des deutschen Wissenschaftsnetzes G-WiN statt.

1 Einleitung

Derzeit sind IP-Netze noch nicht im großen Maßstab für Echtzeitanwendungen außer für die Übertragung von Videoströmen im Einsatz. Die wachsende Verfügbarkeit und steigende Leitungsbandbreiten in Verbindung mit der Möglichkeit, mit Standardkomponenten einfach und kostengünstig IP-Netze aufzubauen, zeigen jedoch eine ernstzunehmende Alternative auf, Echtzeitanwendungen über IP-Netze zu betreiben. Hinzu kommt die große Dominanz von IP als Standardprotokoll in Weitverkehrsnetzen unterschiedlichster Provider.

Als Hauptgrund für die mangelnde Akzeptanz von IP-Netzen für Real-Time-Anwendungen wird oft zu hohe Netzlast und dadurch unvorhersehbare Latenz angesehen.

Zur Bestimmung des IP-Delays (gemeint ist hier immer das One-Way-Delay) lassen sich zwei prinzipielle Messmethoden einsetzen: aktive und passive Messungen. Bei den aktiven Messungen werden von Testrechnern spezielle Messpakete mit Zeitstempeln versendet und an einem zweiten Messrechner wieder empfangen. Ein Vorteil dieser Methode ist, dass man die Messpakete an die Anforderungen der Messung anpassen kann, ebenso wie die Paketrate und andere Parameter. Ein Nachteil ist, dass nur das Verhalten der Testpakete bestimmt wird, nicht das der restlichen Pakete im Netz. Die relevanten Metriken sind in [1] beschrieben

Diese Lücke schließen Passivmessungen. Damit lassen sich die Laufzeiten aller Pakete im Messzeitraum bestimmen. Der Nachteil dieser Messmethode ist, dass teure Messkarten nötig sind, die die Zeitstempel in Hardware mit den Paketheadern zusammenbringen, wenn man Messungen mit hoher Präzision an Netzen mit hohem Verkehrsaufkommen durchführen will.

Das Delay eines Pakets wird durch zwei grundlegende Effekte erzeugt: Die reine netzintrinsische Paketlaufzeit, welche eine untere Grenze für das Delay darstellt. Dazu kommt das Routingdelay, welches durch die Zeit verursacht wird, die die beteiligten aktiven Netzelemente für die Abarbeitung des Pakets benötigen.

Echtzeitanwendungen werden vor allem dann stark in Mitleidenschaft gezogen, wenn das Routingdelay stark schwankt. Diese Schwankungen müssen bei der Implementierung der Echtzeitanwendung möglichst gut berücksichtigt werden.

Wenn an einem Router die Summe der Bandbreiten aller Verkehrseingänge größer ist als die Bandbreite des Verkehrsausgangs, so tritt immer wieder der Fall auf, dass Pakete warten müssen, bis sie geroutet werden können. Dazu kommen die Verzögerungen, die durch die interne Organisation des Routers verursacht werden. Letztere sind massiv von der eingesetzten Hard- und Software sowie der Konfiguration abhängig.

Die Messungen zeigen, mit welchem Netzverhalten verteilte Echtzeitanwendungen konfrontiert werden können. Die gewonnenen Kenntnisse sollen weitergehende Untersuchungen dahingehend motivieren, ob und inwieweit Echtzeitanwendungen dadurch beeinträchtigt werden.

2 Messmethodik

Mit passiven Messkarten lassen sich neben den Laufzeitmessungen, für die man mindestens zwei Messpunkte im Netz braucht, auch Analysen der Netzlast an einem Punkt durchführen. Üblicherweise wird diese Netzlast über SNMP oder Portzähler in Verbindung mit Tools wie MRTG und ähnlichem gemessen. All diesen Messungen ist gemein, dass sie die Auslastung der fraglichen Netzverbindung auf einer Zeitbasis von mehreren Minuten messen. Durch die geringe Zeitauflösung solcher Messungen findet zwangsläufig eine Mittelwertbildung statt. Aussagen über die Auslastung des Netzes in wesentlich kürzeren Zeitintervallen von deutlich unter einer Sekunde können mit solchen Methoden nicht getroffen werden. Da aber viele Anwendungen und Router gegenüber solchen Kurzzeitüberlastungen durchaus sensitiv sind, ist es angebracht, diese näher zu betrachten. Das G-WiN-Labor des DFN-Vereins hat hierzu Untersuchungen am Gigabit-Ethernet-Link zwischen dem Kernnetzrouter und einem Accessrouter des G-WiNs am Knoten Erlangen durchgeführt (Abb. 1).

Mit einem optischen Splitter wurde die Glasfaser mit einer Gigabit-Ethernet-Messkarte der Firma Endace (DAG 4.3GE bzw. DAG 3.6GE) [3] (Abb. 2) verbunden. Dadurch kann, ohne Beeinträchtigung des Verkehrs, jedes einzelne Paket analysiert werden.

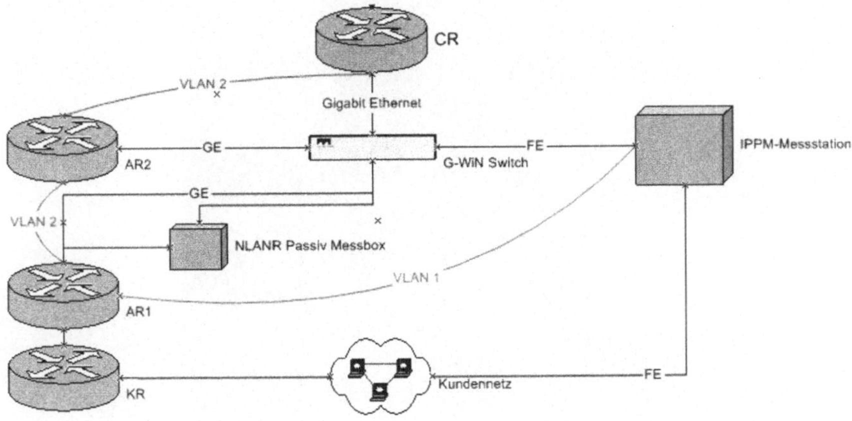

Abb. 1. Messaufbau am Kernnetzstandort.

Abb. 2. DAG 4.3GE Network Monitoring Interface Card [3].

Diese Messkarte erlaubt es, die Header bzw. eine definierbare Byteanzahl der Ethernet-Frames zusammen mit hochpräzisen Zeitstempeln für die spätere Analyse zu speichern. Die Karte ist als 64 Bit 66/100/133 MHz PCI-X Zweikanal-Netzwerkkarte für optisches Gigabit-Ethernet ausgeführt und besitzt optische 1000BaseSX 850 nm multimode Transceiver. Zur Paketanalyse kann entweder der Header des Pakets selbst oder ein beliebig langer Teil des Pakets verwendet werden, wobei 100 % der IP-Pakete mit einer Länge von 40 – 9600 Bytes berücksichtigt werden. Somit können die Kennwerte jedes einzelnen Pakets ermittelt werden. Die Zeitsynchronisation erfolgt über ein PPS-Zeitsignal, welches die Messkarte direkt verarbeitet. Das Signal wird über eine GPS-Uhr der Fa. Meinberg [4] (Abb. 3) erzeugt.

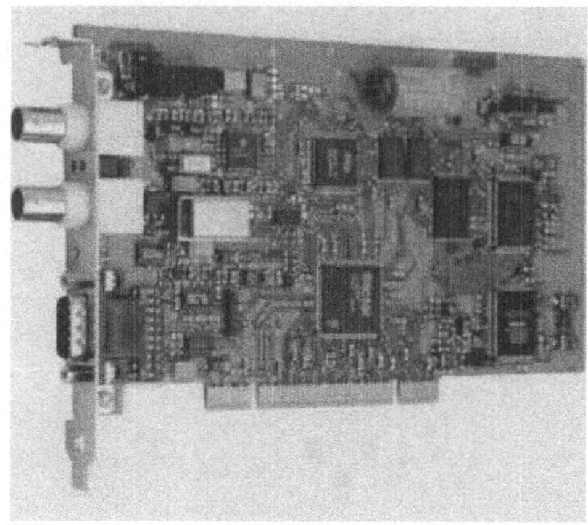

Abb. 3. GPS Rechner-Funkuhr GPS169PCI [4].

Die Karte kann somit einerseits als Netzwerk-Monitoring System eingesetzt werden (Verkehrscharakteristiken, Paketanalyse), andererseits ist es möglich, in Verbindung mit einer zweiten Karte, Delaymessungen zwischen zwei Punkten durchzuführen. Der zweite Aufpunkt für die beschriebenen Messungen ist am Zugangsrouter der Universität Leipzig installiert (Abb. 4). Es konnten damit auch Zwei-Punkt-Messungen in Zusammenarbeit mit dem dortigen Institut für Informatik durchgeführt werden. Mit Datensätzen von Paketheadern und Zeitstempeln wurden Auslastungen in Zeitintervallen unter einer Sekunde ermittelt. Dabei traten bei einem Zeitintervall vom 10 ms Auslastungsspitzen von bis zum vierfachen des langfristigen Mittelwerts auf.

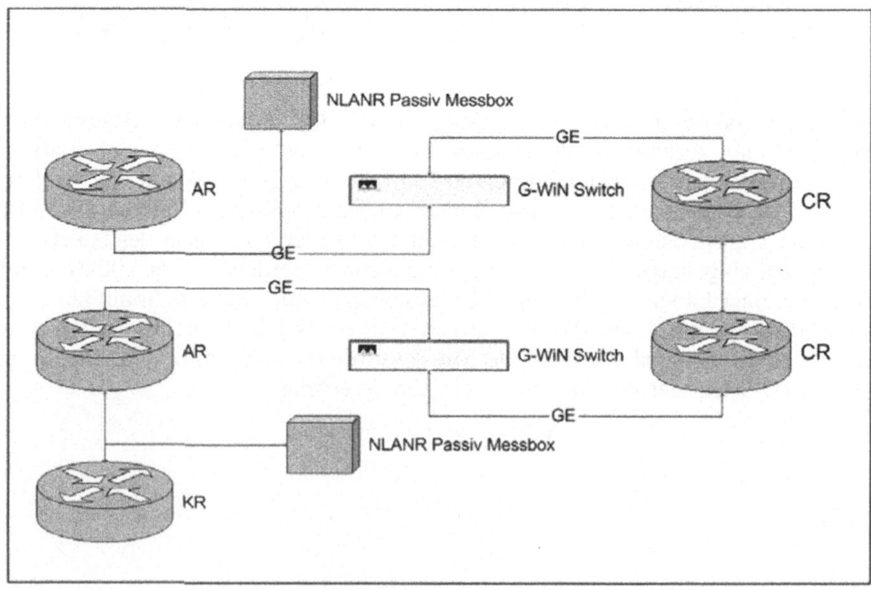

Abb. 4. Prinzip Zweipunkt-Messung Erlangen-Leipzig.

Die betrachteten Zeiträume können so weit verkleinert werden, dass die Betrachtung einzelner Ethernetframes möglich ist. Für eine Auslastungsstatistik ist das nicht nützlich, dennoch lässt diese hohe Zeitauflösung Analysen statistischer Eigenschaften über beispielsweise die Größenverteilung und den zeitlichen Abstand von Frames über einen Zeitraum oder die statistische Verteilung von Paketabständen zu. Erste Messungen dieser Größen wurden am Erlanger Accessrouter des G-WiNs durchgeführt, um realistischen Verkehr abbilden zu können.

3 Messungen

3.1 Paketgrößenverteilung im G-WiN

Eine Größe zur Beschreibung des charakteristischen Verkehrsaufkommens in IP-Netzen ist die Verteilung der IP-Paketgrößen. Diese können auf verschiedene Weisen ermittelt werden. Im allgemeinen dienen hierzu die routerinternen Statistikinformationen. Diese sind jedoch unterschiedlich in Abhängigkeit von der eingesetzten Hardware. In Abb. 5 ist im oberen Teilbild eine solche Verteilungsanalyse abgebildet. Der hier betrachtete Router ermittelt die Verteilung über so genannte „Buckets“, d.h. Größenbereiche, in die entsprechende Paketgrößen einsortiert werden. Erkennbar ist hier, dass im wesentliche drei Paketgrößenbereiche vorliegen, 33-64 Byte, 65-96 Byte und 1025-1536 Byte. Innerhalb dieser Bereiche liegen für IP-Netze sehr interessante Paketgrößen, wie z.B. 1500 Byte (häufig verwendete MTU-size in LANs) oder 40 Bytes (z.B. ACK-SYN Pakete bei TCP-Verbindungen). Diese Paketgrößen können so jedoch nicht einzeln analysiert werden. Über den Einsatz von Passiv-Messsystemen wird das möglich. Im unteren Teilbild der Abb. 5 wird dies deutlich. Hier sind die Häufigkeiten einzelner Paketgrößen dargestellt. Die 20 häufigsten Paketgrößen wurden einzeln erfaßt, der Rest, der im Mittel 469 Bytes groß ist, wurde in einem Bucket zusammengefasst.

Deutlich zu erkennen ist hierbei die Häufung der oben angesprochenen Paketgrößen. Die ergibt nun z.B. die Möglichkeit, Verkehr entsprechend der Paketgröße zu filtern und zu analysieren. Beispielsweise könnte man durch Passivmessungen Intrusion Detection Systeme (IDS) entwickeln, die den Verkehr auf gewisse Paketeigenschaften wie Paketgröße und Headerlänge, untersuchen.

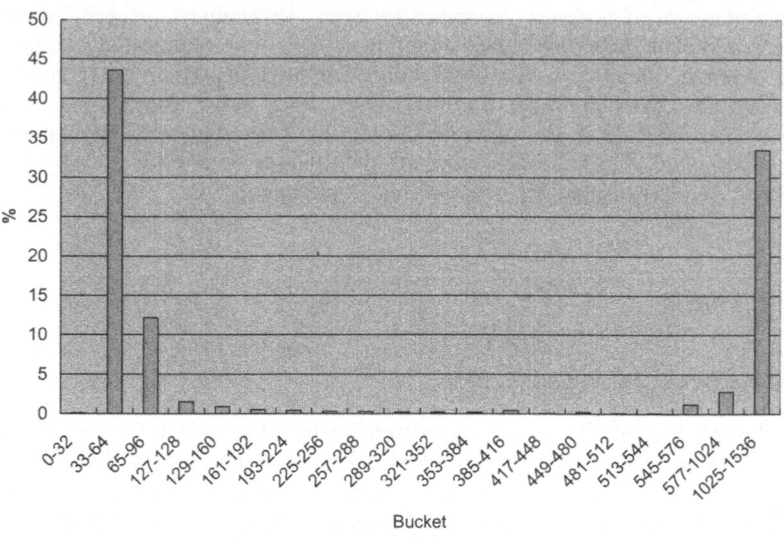

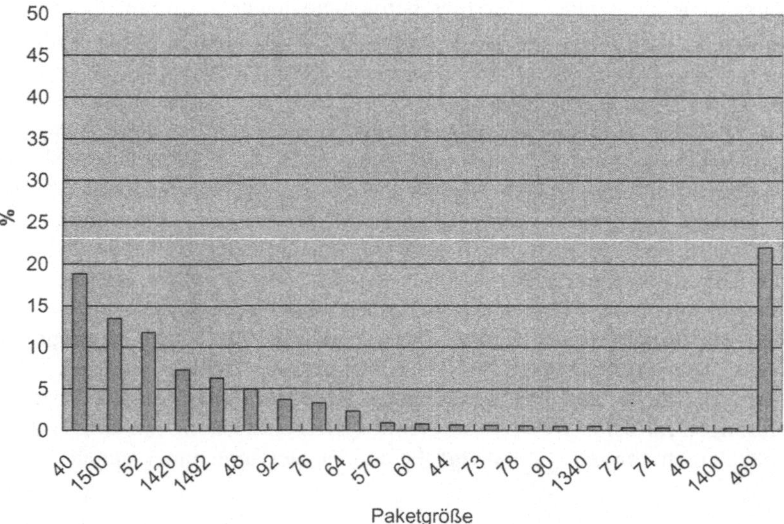

Abb. 5. Paketgrößenverteilungen, ermittelt aus Passivmessungen (unten) und aus Statistikdaten der Router (oben).

3.2 Auslastungsmessung am G-WiN Standort Erlangen

Zwischen dem Kernnetzrouter und dem Accessrouter am G-WiN Standort Erlangen (siehe Abb. 1) wurden Analysen der Leitungsauslastung (die beiden Router sind mit einem Switch über Gigabit-Ethernet verbunden) durchgeführt.

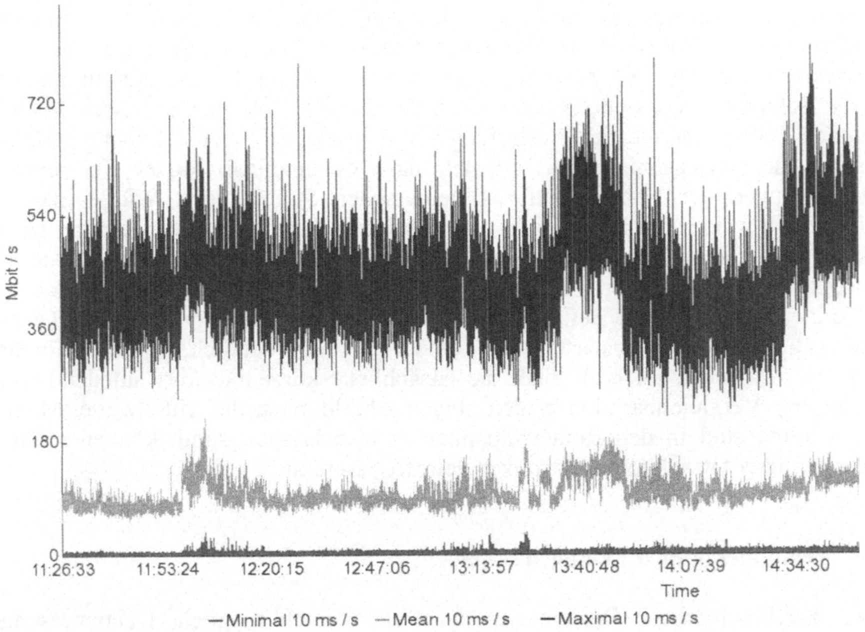

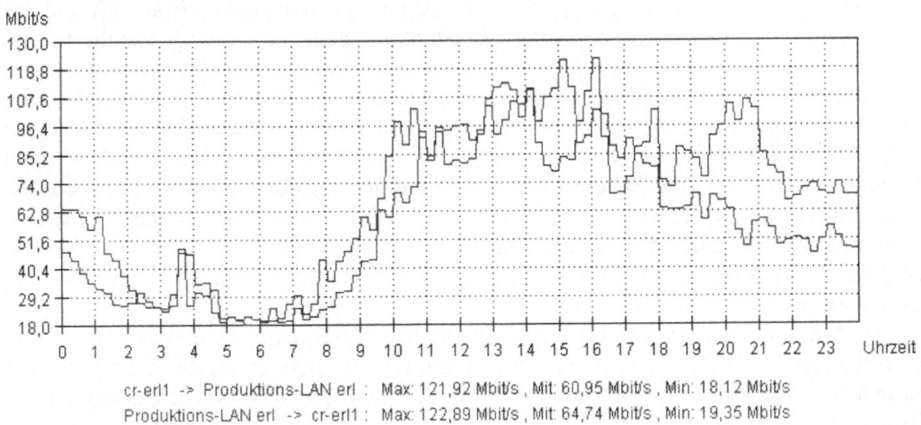

Abb. 6. Auslastung am G-WiN Standort Erlangen. Oben: Passivmessung, unten: Routerstatistik [2].

Hierbei wurden alle Pakete, die die Leitung passierten, über einen optischen Splitter der Passivmesskarte zugeführt und mit einem Zeitstempel versehen.
Durch die Analyse auf der Passivmesskarte kennt man sowohl Paketgröße und Zeitpunkt des Eintreffens auf der Karte und kann so einfach die Leitungsauslastung (in Mbit/s) berechnen.

In Abb. 6 sind die Ergebnisse einer solchen Messung über ca. vier Stunden dargestellt. Im oberen Teilbild sind über der aktuellen Uhrzeit die ermittelten Auslastungen in einem 10 ms Intervall aufgetragen. Pro Sekunde wird jeweils der Messwert für das minimal, maximal und mittel ausgelastete 10-ms-Intervall innerhalb dieser Sekunde dargestellt. Festzustellen hierbei ist, dass es praktisch in jeder Sekunde Zeiten gibt, die eine Auslastung von 0 aufweisen. Ebenso findet man immer Maxima der Auslastung. Das bedeutet, dass es innerhalb kurzer Zeit extreme Schwankungen der Netzlast auf der gemessenen Strecke gibt. Würde man den Zeitmaßstab weiter verkleinern, d.h. das Messintervall auf 1 ms oder weniger setzen, bekäme man noch höhere Maxima der Auslastung. Das 10 ms Intervall wurde deshalb gewählt, da sich die mittleren Delays im G-WiN in dieser Größenordnung befinden.

Vergleicht man diesen Befund mit den Auslastungsstatistiken der Router (Abb. 6 unten [2], Verlauf der Auslastung über einen Tag) wird deutlich, dass die Mittelung über ein 5 Minuten Intervall nicht die tatsächliche kurzeitige Last auf der Leitung wiedergibt. Vergleichbar sind in den obigen Abbildungen die Mittelwerte. Maxima und Minima sind in den Routerstatistiken nicht erfassbar, somit können so keine Aussagen über tatsächliche Lastspitzen getroffen werden.

3.3 Delaymessungen Erlangen – Leipzig

Über das beschriebene Passivmesssystem ist es auch möglich, Delaymessungen zwischen zwei Standorten durchzuführen. In Abb. 4 ist der prinzipielle Aufbau der durchgeführten Messungen beschrieben. Zur Realisierung der Messung werden den über den Splitter zur Messkarte geleiteten Paketen am Startpunkt (Erlangen) und am Endpunkt (Leipzig) jeweils gültige Zeitstempel gegeben und gespeichert. Ein Analyseprogramm wertet daraufhin die Paketheader hinsichtlich Übereinstimmungen aus und ordnet entsprechenden Paketen die Delays zu. Wesentlich hierbei ist eine möglichst genaue Synchronität der Uhren an den beiden Messpunkten. Diese wird über den Einsatz der oben erwähnten GPS-Uhren erreicht. Aus den Headerinformationen der Pakete ist es zudem möglich, Unterscheidungen hinsichtlich aller im Header vorkommenden Felder zu treffen. Diese Messungen wurden in Zusammenarbeit mit der Universität Leipzig, Fakultät für Mathematik und Informatik, Institut für Informatik, Rechnernetze und Verteilte Systeme [5] durchgeführt.

Die Messungen zeigen (Abb. 7) den zeitlichen Verlauf der One-Way Delaywerte zwischen den G-WiN Standorten Erlangen und Leipzig über einen Zeitraum von ca. 1 Stunde in Abhängigkeit von der Paketgröße. Die Paketgrößen wurden entsprechend ihre Häufigkeiten (auf der Strecke ER-L wurden entsprechend Abb. 5 Paketgrößenverteilungen ermittelt) gewählt, wenig häufige Paketgrößen wurden zusammengefasst. Zwei wesentliche Tendenzen sind hier sichtbar. Zum einen ergeben sich höhere Latenzwerte für größere Pakete, zum anderen sieht man eine zeitlich nicht konstante Verteilung der Paketgrößen. Die höheren Delays größerer Pakete sind darauf zurückzuführen, dass die Verarbeitungszeit der Pakete in den Routern von der Größe abhängig ist. Gründe für die Häufung verschiedener Paketgrößen zu bestimmten Zeitpunkten können beispielsweise größere Downloads sein oder Broadcasts etc..

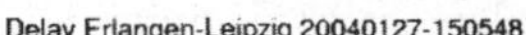

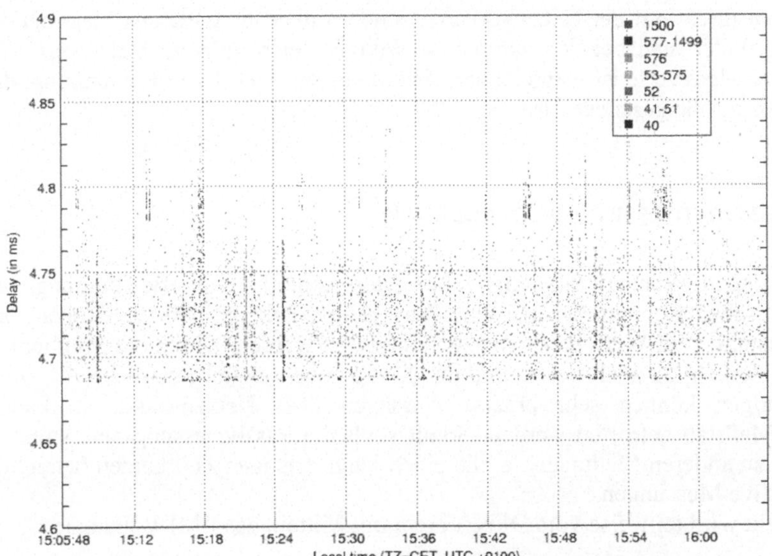

Abb. 7. Delaymessungen ER - L, Paketgrößenabhängigkeit.

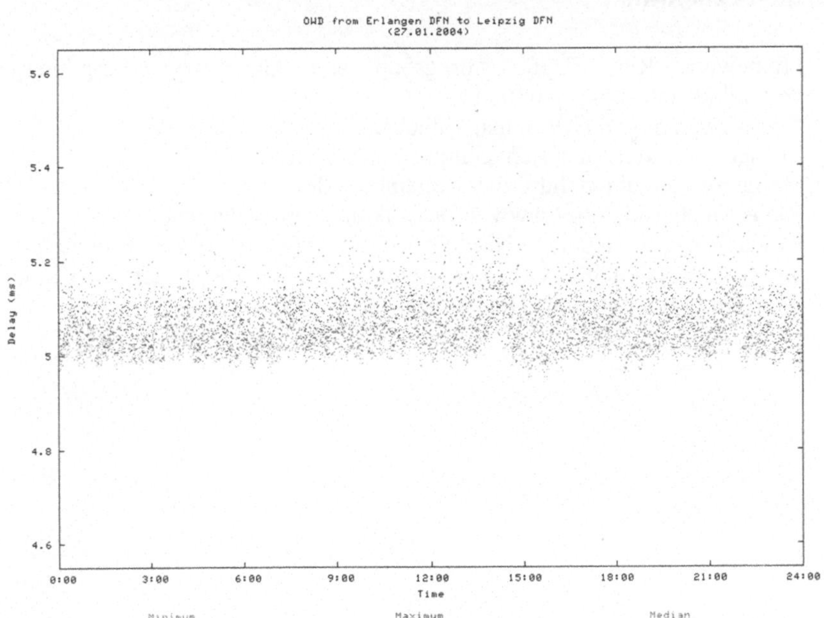

Abb. 8. Delaywerte aus aktiven Messungen [7].

Der Vergleich der passiven Messungen mit den in Abb. 8 dargestellten aktiven Messungen (die aktive Messmethode wurde in [5] ausführlich beschrieben) liefert gute Übereinstimmung. Bei der aktiven Messung ist die Messstrecke etwas anders (siehe Abb. 1), ein aktives Netzelement ist weniger zu durchlaufen. Deshalb und auf Grund der etwas langsameren Paketverarbeitung bei der aktiven Messung (die Pakete werden nicht direkt auf der Netzwerkkarte, sondern über die CPU des Messrechners analysiert), findet man bei den aktiven Messungen leicht erhöhte Delaywerte. Die Streuung der Messwerte ist vergleichbar. Allerdings gilt hier die Einschränkung, dass nur eine Paketgröße gesendet wird.

5 Zusammenfassung und Ausblick

Passivmessungen können als sinnvolle Messmethode zur Bestimmung von charakteristischen Kenngrößen wie One-Way Delay, Paketgrößenverteilungen, oder auch Auslastungen in Weitverkehrsnetzen eingesetzt werden. Durch die Möglichkeit, den realen Verkehr zu analysieren, und durch die hohe mögliche zeitliche Auflösung der Messungen können sehr präzise Aussagen über Netzzustände im kleinen zeitlichen Maßstab getroffen werden. Somit stellt die Passivmessung eine sinnvolle Ergänzung zu anderen Methoden da, die einen längerfristigen Zeitrahmen betrachten, wie z.B. aktive Messungen.

Das Projekt wird teilweise vom DFN-Verein mit Mitteln des BMBF finanziert.

Literaturverzeichnis

1. Framework RFC 2330, workgroup site http://www.ietf.org/internet-drafts/draft-ietf-ippm-ipdv-08.txt.
2. CNM-Team des DFN-Vereins, München, http://www.cnm.dfn.de.
3. Endace measurement systems, http://www.endace.com.
4. Meinberg Funkuhren, http://www.meinberg.de.
5. Klaus Mochalski, http://www.informatik.uni-leipzig.de/rnvs/
7. R. Kleineisel, I. Heller, S. Naegele-Jackson, *Messung von Echtzeitverhalten im G-WiN*, Verteilte Echtzeitsysteme (PEARL 2003) der GI-FG.4.4.2 Echtzeitprogrammierung, Boppard, 27./28.11.2003.

Automatisierungssysteme auf der Basis Embedded Systems am Beispiel der Steuerung einer modernen Windenergieanlage

Wolfgang Kabatzke

NORDEX Energy GmbH, Bornbarch 2, D – 22 848 Norderstedt

Zusammenfassung. Das Steuerungs- und Visualisierungssystem ist zentraler Bestandteil einer Windenergieanlage (WEA) und basiert auf der anlagenspezifischen Steuerungs- und Regelungstechnik des Herstellers. Das System übernimmt die Steuerung der verfahrenstechnischen Abläufe wie Starten, Zuschalten, Stoppen, Bremsen, Fehlerbehandlung, Windnachführung als Hauptprozesse sowie Schmieren, Kühlen und Heizen als Nebenprozesse. Elementare Aufgabe ist die Drehzahl- und Leistungsregelung, ergänzt durch das Bedienen und Beobachten, Aufzeichnen, Speichern und Archivieren von Produktionsdaten, Ereignissen, Alarmen und Trends sowie die Fernwartung und Alarmierung.

1 Die Praktische Umsetzung des webbasierten Steuerungskonzeptes zur Steuerung und Diagnose einer WEA

1.1 Die Grundlagen und die Energiewandlung in einer WEA

Kraftwerke, die Windenergie in Elektrizität umwandeln, nennt man **Windenergieanlage (WEA)**. Im allgemeinen Sprachgebrauch hat sich jedoch die Bezeichnung **Windkraftanlage (WKA)** durchgesetzt.

Bei *Nennwindgeschwindigkeit* gibt die Windenergieanlage ihre *Nennleistung* ab. Diese ist immer größer als die Auslegungswindgeschwindigkeit. Oberhalb der Nennwindgeschwindigkeit wird die Leistung der Anlage konstant gehalten, da sonst die Belastungen auf alle Anlagenkomponenten weiter steigen und zu Überlastungen führen würden.

1.2 Die Hauptbestandteile einer Windenergieanlage

Eine Windenergieanlage besteht aus dem Fundament, dem Turm, einer Maschinengondel mit dem Generator, dem Getriebe, dem Rotor mit Nabe und Rotorblättern sowie der notwendigen Steuer-Elektronik, inklusive der Komponente „Regelung, Steuerung und Betriebsführung", und Netzanschlusstechnik im Fuß des Turmes oder außerhalb. Diesem kommt eine ganz entscheidende Rolle zu, da auf ihm die Gondel befestigt wird. Alle weiteren Abhandlungen dieses Artikels beziehen sich auf die Komponente „Regelung, Steuerung und Betriebsführung".

1.3 Regelung, Steuerung und Betriebsführung

Die WEA wird von der Betriebsführung bei ertragsversprechender Windgeschwindigkeit (Anlaufwindgeschwindigkeit) hochgefahren und bei zu großer Windgeschwindigkeit (Abschaltwindgeschwindigkeit) wieder abgeschaltet, um eine mechanische Überlastung zu verhindern. Die Windgeschwindigkeit wird dabei über das Windmesssystem ermittelt bzw. aus der Drehzahl des Rotors, besser des Generators, abgeleitet.

Es wird zwischen zwei Betriebszuständen unterschieden, der Drehzahlregelung im Teillastbetrieb (Moment-Regelung) und der Drehzahlregelung im Volllastbetrieb (Pitch-Regelung).

2 Die Definition der Aufgabenstellung

Jede Multi-Megawattanlage ist im Bereich der Anforderungen an die Betriebsführung ein mechatronisches System. In diesem System gibt es die Hauptgewerke

Elektrotechnik,
Automatisierungstechnik,
Maschinenbau
und Informationstechnologie,

die optimal durch das Betriebsführungssystem zusammengeführt werden. Der Informationstechnologie wird hier die Aufgabe des Gedächtnisses zugewiesen, nämlich die Aufgabe der Auswertung und des sehr engen Zusammenhaltes aller Komponenten.

2.1 Offen und durchgängig automatisiert

2.1.1 Die Anforderungen an ein modernes Betriebsführungssystem:

- Steuerung und Regelung der verfahrenstechnischen Abläufe der WEA,
- Drehzahl- und Leistungsregelung,
- Berechnung, Darstellung und Archivierung sämtlicher Betriebs- und Produktionsdaten,
- Aufzeichnung von Signalen (Statusanzeigen), Alarmen, Kurz- und Langzeittrends,
- Parkvernetzung, Fernwartung und Alarmierung,
- Sondereinstellungen wie Nachtabsenkung, Schattenwurfmodul, Lärmbegrenzung, Leistungsbegrenzung als Forderung der Energieversorgungsunternehmen (EVU)

Bei der Erstellung eines Konzepts muss großen Wert darauf gelegt werden eine offene, durchgängige Automatisierungslösung zu schaffen. Dies bringt Vorteile gegenüber proprietären, herstellerbezogenen Systemen:

- langfristig gesicherter Service,
- Flexibilität bei Anlagenerweiterungen,
- hohe Verfügbarkeit und Transparenz,
- Reaktionsfähigkeit auf neue Anforderungen und Richtlinien,
- Investitionsschutz für Betreiber.

2.1.2 Steuerung, Regelung, Betriebsführung – welches Steuerungssystem ist einsetzbar?

Bei der Auswahl der Hardware und Software für Betriebssteuerung und Regelung wurden folgende Kriterien angesetzt:

- Programmierung der Steuerungsabläufe (Verriegelungen, Verknüpfungen, E/A-Operation) in einer PLC (SPS) (wichtig für die notwendige Inbetriebnahme einer Anlage durch den Service)
- Realisierung einer komplexen taskorientierten Steuerung und Regelung mit folgenden Anforderungen:
  - Task-Modell
    - Zyklische Tasks (basierend auf einem preemptiven Realtime-OS), Priorität definierbar, Anwendung: Regelung der WEA
    - Ereignis-Tasks zur Auslösung von Reaktionen aus Ereignisse aus der Hardware, Anwendung: Anlagenschutz
    - System-Tasks zur Überwachung des Laufes der Steuerung (Start, Stopp) und zur Überwachung der Steuerung auf fehlerhafte Ergebnisse, Anwendung: Systemüberwachung
  - Minimalforderung für die zyklische Task(s) - 10ms-Aufrufintervall
    - absolut strenge Einhaltung der Aufrufzeitintervalle
    - Möglichkeit der freien Einstellbarkeit der Aufrufintervalle
  - Die eingesetzte Peripherie muss dem Prozessablauf folgen können und dezentral ausführbar sein (Prozessbus, lange Anlagenwege)
- Die Programmierung soll mittels einer IEC6113-kompatiblen Programmierumgebung erfolgen. Zusätzlich steht die Forderung, dass diese Programmierumgebung speziell für die notwendige Erweiterung und Ergänzung der Regelung um ein Hochsprachen-Interface erweiterbar sein muss.
- Ethernet-Interface auf der CPU der Steuerung fest integriert.

Auch wenn eine WEA als eine sehr träge und langsam reagierende Anlage erscheinen mag: ein Rotorblatt kann bis zu 10t wiegen und muss innerhalb von wenigen ms absolut präzise reagieren.

Bei der Auswahl wurde die PLC-Familie „PC Worx – Klasse 400“ von Phoenix-Contact gewählt. Als ausschlaggebender Vorteil bei der Hardware-Auswahl wurde die integrierte Ethernet-Schnittstelle angesehen.

Diese PLC-Familie basiert auf kompakten Industrie-PC als Soft-PLC mit Laufzeitsystem, aber auch auf Steckkarten, welche in einem PC als Slot-PLC mit derselben Entwicklungsumgebung programmiert werden können.

Merkmale:

- Typ: Remote Field Controller (RFC, Embedded PC mit Prozessbusinterface Interbus und Ethernetschnittstelle),
- Hardwarestandard PC/104 für Embedded PC-Lösungen,
- Software-PLC für IEC 61131-3: ProConOS® ist das echtzeit- und multitaskingfähige, weitgehend IEC-konforme und sehr schnelle SPS-Laufzeitsystem (von KW-Software, www.kw-software.com), vertrieben von Phoenix-Contact unter PC Worx (http://www.phoenixcontact.com/de/index_1024.htm), programmierbar in:
    - Anweisungsliste (AWL)
    - Strukturierter Text (ST)
    - Funktionsbaustein Sprache (FBS)
    - Kontaktplan (KOP)
    - Sequential Function Chart (SFC)
- Prozessbus-Anschaltung für dezentrale Ein-/Ausgabe der Sensorik / Aktorik,
- unterlagertes Echtzeitbetriebssystem VxWorks speziell für Embedded Systems,
- zusätzliche Möglichkeiten der Programmierung in Hochsprache (C/C++) auf Slot-PLC (Steckkarten-PLC),
- Kopplung zum Visualisierungssystem über Ethernet, TCP/IP, OPC.

Die Soft-PLC ProConOS ist für mehrere Betriebssystemplattformen verfügbar. Speziell für Rechnersteuerungen auf der Basis Intel X86 sind verfügbar:

Windows® NT Realtime (KWRTK),
Windows® NT native,
Windows® CE,
RTXDOS 32 und
QNX,
VxWorks,
VxWin,
VenturCom,
RTX

Die Version mit VxWorks ist speziell für Anwendungen im Bereich Embedded Systems und Embedded PC entwickelt worden (als **ProConOS® Embedded** - die echtzeitfähige Lösung für Embedded-Systems), da hier bei begrenzten Ressourcen mit kompakten und angepassten Realtime-Kernels die geforderten Anforderungen umsetzbar sind.

Mit der Wahl dieser Steuerung war das Prozessbus-Systems vorgegeben: Interbus. Es sind aber jederzeit auch andere Bussysteme denkbar, sofern die Steuerung diese unterstützt.

2.2 Mit der Visualisierung alles im Blick

Das Visualisierungssystem basiert auf folgenden Hard- und Softwarekomponenten:

- All-in-One Panel-PC mit Touch-Screen und Massenspeicher,
- Betriebssystem Windows NT 4.0 oder Windows 2000,
- Visualisierungssystem HTML / XML basierend.

Der internationale Standard OPC ist eine systemunabhängige Schnittstelle der speicherprogrammierbaren Steuerung (PLC) zum Visualisierungssystem. Die Abbildung der Daten des Remote Field Controllers erfolgen im OPC-Server. Über die OPC-Verbindung greift die Software der Visualisierung auf alle Daten der Steuerung zu. Es wurde ein personalisierter Zugriffsschutz implementiert.

3 Die Vernetzung von Windenergieanlagen

3.1 Das Anforderungspofil der Vernetzung

3.1.1 Die Vernetzung innerhalb einer WEA

Der Aufbau der WEA-Steuerung macht es nach einem klassischen Hardware- und Software-Design-Ansatz primär nicht notwendig außer einem Prozessbus Kommunikationsnetzwerke einzusetzen und zu nutzen.

Es zeigt sich jedoch, dass viele eingebaute Komponenten einer WEA, wie z. B.

- der Hauptumrichter
- die Pitchumrichter für die aktive Rotorblattverstellung
- Bediencomputer (Vor-Ort-Visualisierung) Lokaler-PC (LPC)
- Die Steuerung selber (Embedded PC als RFC)
- Die Anbindung an das Telefonnetz zur Anlagenkommunikation intern-extern

Diese Komponenten als intelligente Komponenten benötigen einen externen Zugang, sehr oft folgende Aufgaben zu lösen sind:

- Firmware-Update (Hauptumrichter, Pitch-Umrichter)
- Fernupdate der Applikation (Embedded PC als RFC)
- Fernupdate der Firmware
- Diagnose der intelligenten Komponenten (Hauptumrichter, Pitch-Umrichter, Steuerung)
- Prozessdatenvisualisierung

Zusätzlich muss eine Möglichkeit angeboten werden diese Aufgaben auch vor Ort lösen zu können. Diese von der Aufgabenstellung her rein datentechnische Vernetzung ist über Ethernet als lokales bzw. privates WEA-Netzwerk realisiert worden. Hierfür gelangt Ethernet 10MBit/s zum Einsatz. Bedingt durch die großen geometrischen Ausdehnungen zwischen den Komponenten

- Bottom-Box (Turmfuss) Hauptumrichter, Embedded PC als RFC
- Top-Box (Gondel) Pitch-Umrichter

Wurde die WEA-interne Installation auf der Basis von Lichtwellenleiter-Technik (LWL) realisiert. Alle Komponenten besitzen Umsetzer von LWL auf Kupfertechnik, teilweise zusätzlich von Ethernet Kupfer auf RS232.

Zur Adressvergabe innerhalb des WEA-Netzwerkes wird das WEA-Netz, sowie das nachfolgend dargestellte Windpark-Netzwerk, als privates Class-C-Netzwerk deklariert. Diese Adressen werden im Internet nicht vergeben und daher auch nicht geroutet - sie sind damit dort nicht sichtbar. Das bedeutet, dass sie für Firmennetze beliebig häufig eingesetzt werden können. Diese Eigenschaften ist insbesondere Wichtig, als dass momentan von den Anlagen mit der PC-basierten Steuerung und Intranet/Internet ca. 600 Stück weltweit existieren.

Die Standard-Subnet-Maske lautet: Class C - 255.255.255.0

Der Adressbereich lautet: Class C - 192.168.x..y

Somit ist die Anzahl der Teilnehmer im Netzwerk praktisch auf 254 beschränkt. (Abbildung 3.1).

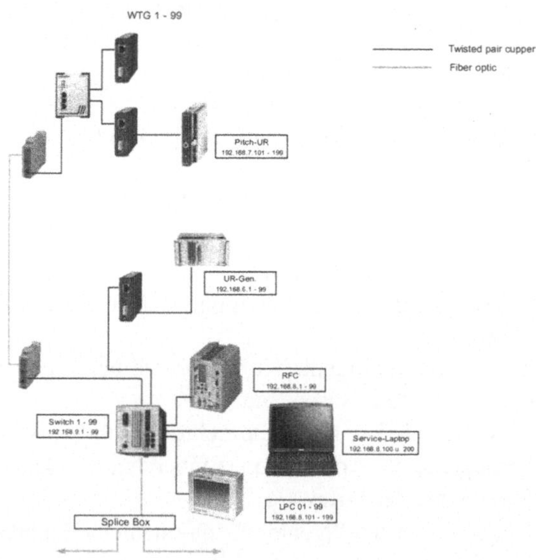

Abb. 3.1. Komponenten einer WEA über Netzwerk verbunden und die IP-Adress-Konzeption

3.1.2 Die Vernetzung mehrerer WEA innerhalb eines Windparks

Die Vernetzung mehrerer Windenergieanlagen in einem Windpark erfolgt über ein fehlertolerantes Ethernet-Netzwerk mit 100 Mbit/s und TCP/IP-Protokoll auf Basis von Lichtwellenleiter-Technik. Der industrietaugliche Aufbau wird mit lüfterlosen

Hubs und Switches bis $\vartheta_U = 60°C$ realisiert. Die Vernetzung innerhalb der WEA erfolgt mit Twisted-Pair-Kabeln. Es besteht die Möglichkeit, unabhängige Einwahlpunkte der Telekommunikation einzurichten, so dass mehrere Kanäle über ISDN-Terminaladapter oder Modem für Kunden und Service zur Verfügung stehen. Auch eine Alarmierung über Pager, Fax, SMS oder E-Mail ist möglich.

Für eine detaillierte Beschreibung steht die Abbildung 3.2 zur Verfügung. Besondere Anforderungen an die Vernetzung innerhalb eines Windparks stellen die sehr großen Entfernungen und die Anzahl der einzelnen WEA. So haben derzeitige Windparks mit ca. 30 WEA eine flächenmäßige Ausdehnung von z. B. 5km * 2km. Dies erfordert eine schnelle Kommunikation über große Entfernungen und eine besondere Konfiguration bzgl. der Datenspeicherung der einzelnen WEA und die Anbindung der externen Schnittstellen.

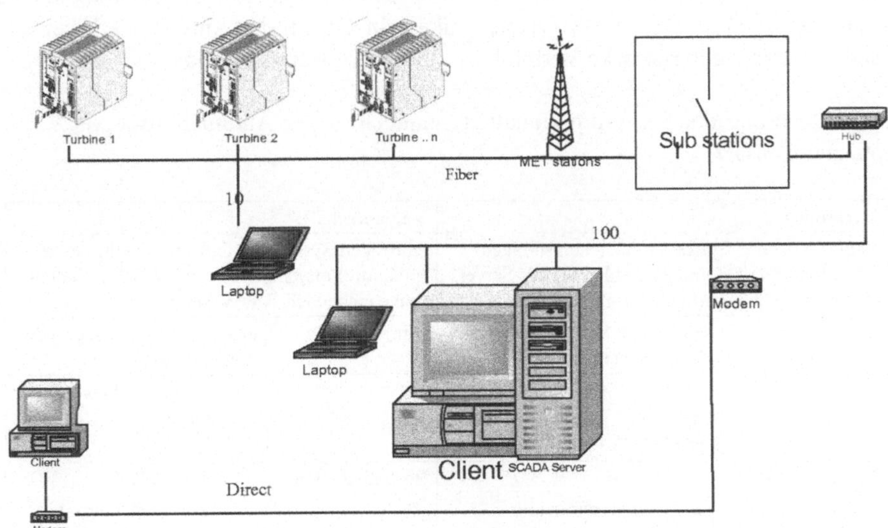

Abb. 3.2. Vernetzung im Windpark - Detaildarstellung

Damit der Anwender sich nicht auf jede WEA einwählen muss wenn er von extern Daten abrufen will, wurde ein Windpark-Server entwickelt (auch SCADA-Server genannt). Dieser Server setzt auf einer leistungsfähigen PC-Plattform mit Windows 2000 auf und speichert zyklisch alle wichtigen WEA-Zustände ab. Diese Daten werden auf dem Server bis zu 20 Jahren gehalten, können aber auch auf einen Hauptserver in der Servicezentrale abgelegt werden.

Für große Windparks fungiert dieser Farmserver zugleich als Einwahlserver. Durch das Zusammenspiel zwischen der Farmserver- und der Bedienen & Beobachten-Software vor Ort ist eine Komplettbeobachtung des gesamten Windparks möglich ohne sich auf jede WEA separat einwählen zu müssen.

Bei kleinen Windparks oder bei Einzelanlagen befindet sich der Windpark-Server mit auf einem LPC. Um dieses universelle Konzept umsetzen zu können wurde die Kommunikation zwischen den Clients (WEA mit LPC) und dem Windpark-Server durch die Nutzung eines SOAP Protocol Adapters realisiert. SOAP stellte ein XML-basiertes Protokoll für den Nachrichtenaustausch dar. Es beschreibt zudem die Konventionen für Remote Procedure Calls (RPC), welche als funktionale Basis im System genutzt werden. Das unterlagerte Netzwerk Transport-Protokoll für SOAP ist http. Ein Grund für die Nutzung ist die hohe Plattformunabhängigkeit. Zudem bietet SOAP die Nutzung von Java unter Anwendung des Free WSTK (Web Service Toolkit) für Java. Somit können portable Applikationen mit Java-Oberfläche erstellt werden.

3.2 Die Datengewinnung innerhalb einer WEA und Datenbereitstellung

3.2.1 Softwarestrukturen und die Anwendung von Server-Architekturen

Die Hauptaufgabe eines Embedded Systems im konkreten Fall ist es eine WEA zu steuern oder zu überwachen. Daneben gibt es eine zusätzliche Service-Komponente, die nur aktiv wird, wenn ein Servicetechniker vor Ort an der Anlage oder über eine Datenfernübertragungsstrecke Verbindung mit dem System aufnimmt.

Zur Realisierung der Serverfunktionalität gelangen in der Automationspraxis 2 Konzepte zum Einsatz:

Variante 1		**Variante 2**	
Reine embedded Systems mit leistungsfähigen CPU, Realtime-OS und embedded WWW-Server, Netzwerkanschluss, (Software-SPS optinal)		embedded System mit CPU und Realtime-OS (evtl. mit Software-SPS) und LAN-Verbindung (ohne embedded WWW-Server)	
Einsatzfälle	embedded Systems, kompakte Steuerungen	Einsatzfälle	embedded Systems, größere Steuerungen
	kleine Steuerungen und Systeme mit begrenzter (einfacher) Funktionalität		Steuerungen und komplexere Systeme
Besonderheiten	1. RTOS 2. Programmierung in HLL 3. Wenn Software-SPS, dann kleine Software-SPS 4. Netzwerkanschluss 5. Embedded WWW-Server	Besonderheiten	1. RTOS 2. Leistungsfähigere Software-SPS 3. Programmierung in HLL 4. Prozessbusanschluss 5. Netzwerkanschluss 6. kein Embedded Webserver

3.2.2 Die Hardwarestrukturen und die Verbindung mit den Server-Architekturen

Zur Datengewinnung aus der Steuerung der WEA, aber auch für das Einbringen von Daten in die Steuerung der WEA muss das Grundkonzept des verwendeten Embedded PC mit seiner Prozessbuskommunikation betrachtet werden (Abbildung 3.3).

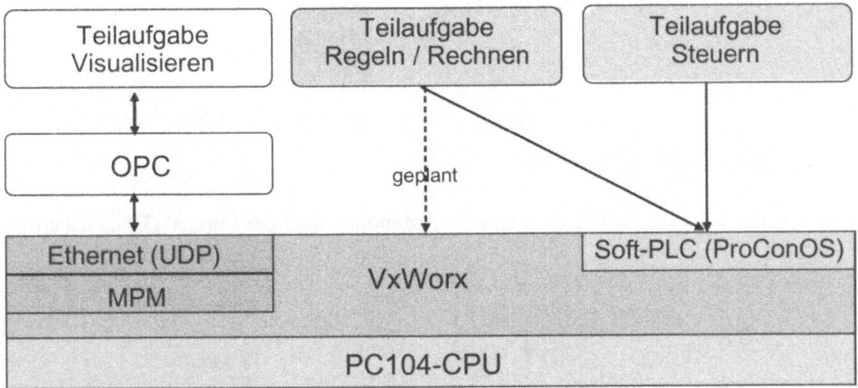

Abb. 3.3. Konzept der Prozessdatenkommunikation in der realisierten WEA-Steuerung

Die Hardwarebasis der realisierten WEA-Steuerung ist ein Embedded PC mit X86-Hardware als RFC. In dieser Hardware gilt als Besonderheit, dass der Prozessbus als Master in der Steuerung arbeitet und der Embedded PC mit seiner Steuerungsplattform als Slave.

Der verwendete Prozessbus (Interbus) und die softwaremäßigen Gegebenheiten machen für eine Anwendung in dargestellten Maßstab immer einen PC (Local PC – LPC). Das Schlüsselelement stellt hierbei OPC (OLE for Process Control) dar. Der Anwender kann über einen auf dem LPC arbeitenden OPC-Server über das Ethernet (DDI) an die Daten der Steuerung gelangen (Abbildung 3.4).

Für den Datenaustausch zwischen der Steuerung und überlagerten Rechnersystemen (speziell Visualisierungssysteme) gelangt CALL-R zur Anwendung. CALL-R beinhaltet die von Microsoft unterstützte OPC-Spezifikation und nur die zusätzlichen Anforderungen im industriellen Umfeld sind von OPEN CONTROL neu definiert worden. Über Variablen- und Adresstabellen erfolgt eine Zuordnung der Prozessvariablen im MPM (Multi Port Memory) der Steuerung. Der MPM ist das Bindeglied zwischen dem Bus-Master und dem Embedded-PC (Co-Prozessor) (Abbildung 3.5).

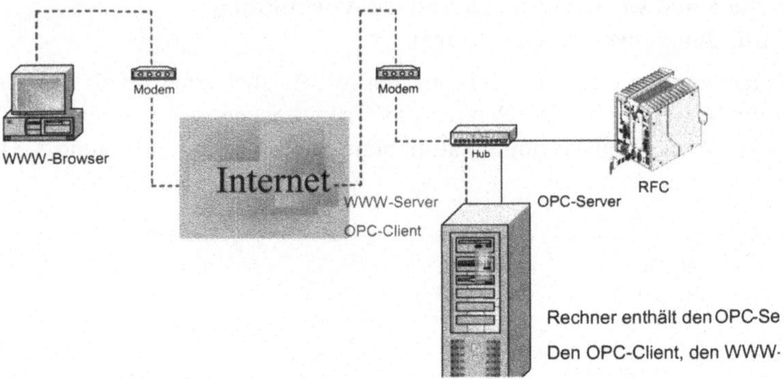

Abb. 3.4. OPC-Server, OPC-Client und die Anbindung über das Internet (Basis Ethernet)

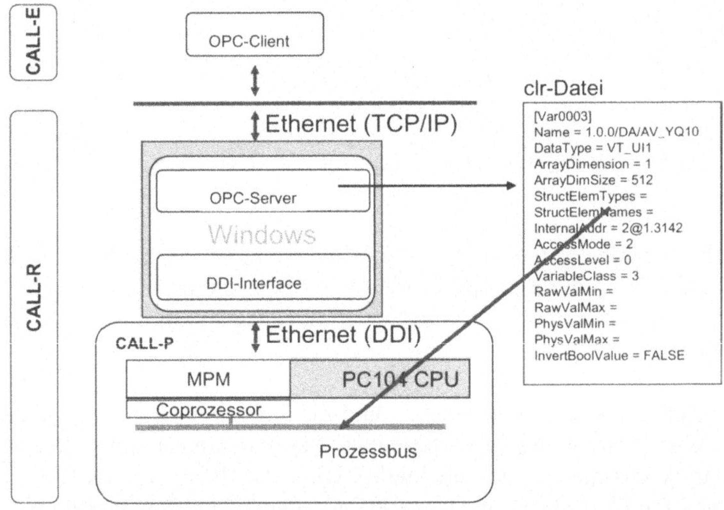

Abb. 3.5. CALL-R zum externen Zugriff auf Prozessvariablen mit OPC und Ethernet

4 Die zustandsorientierte Instandhaltung

Zur Zeit eine Vision für Onshore-Anlagen, aber als unumgänglicher Entwicklungsmeilenstein für die Offshore-Anlagen notwendig ist eine zustandsorientierte Instandhaltung (Condition Monitoring), denn nur damit kann das notwendige Investitionsvolumen für Wartung und Instandhaltung gesteuert werden.

Um den Sollzustand der Gesamtanlage (Anlagen- oder Maschinenteile), welcher sich aufgrund der genannten einwirkenden Belastungen während des Betriebes verändert, i.

d. Regel. verschlechtert, zu erhalten, bedarf es regelmäßiger Arbeiten wie Pflege und Reinigung, Ergänzung notwendiger Betriebsstoffe und eventuell auch des Austausches von Verbrauchsmaterialien.

5 Zusammenfassung und Ausblick

Ein Einsatz von speziellen Embedded PC zur Steuerung und Überwachung von Prozessen in modernen Windenergieanlagen ist möglich. Speziell die Aspekte zur umfassenden Vernetzen und Datengewinnung lassen sich mit solchen Architekturen lösen.

Die gewonnenen Ergebnisse zeigen aber auch klar die Grenzen von Embedded Systems mit reinen Soft-PLC-Lösungen auf, d. h. die Leistungsgrenzen werden bei Aufgaben mit intensiver CPU-Auslastung (Berechnungen, intensive Kommunikation) schnell erreicht.
So sind neue und weiterführende Untersuchungen und Aufgaben wie folgt geprägt:

- Möglicher Umstieg auf Slot-PLC
    - Kombination von Slot-PLC und Hochsprachen-Programmierung für die Implementierung komplexer und innovativer Regelungs- und Steuerungsalgorithmen (z. B. FUZZY, Beobachter, digitale Mehrgrößenregelungen)
    - Wegfall des aufwendigen Ethernet-Interfaces zum Datenaustausch zwischen PLC/Embedded PC und Server-PC, damit wesentlich schnellerer Datenaustausch und Entlastung des Embedded PC von zeitintensiven Kommunikationsaufgaben
- Einsatz von innovativen Prozessbussystemen
- Einsatz noch leistungsfähiger Hardware-Plattformen und einer weiterentwickelten und integrierten Programmierumgebung

Literaturverzeichnis

1. Kraus, P.: Neue Wege für Service-Software, MagnaMedia AG, Design&Elektronik 2/97, 1997.
2. Kabatzke, W.: Anbindung von Automatisierungssystemen an Intranet/Internet, Echtzeit '97, Tagungsband, S. 165 – 171, 1997.
3. Heier, S.: WINDKRAFTANLAGEN. Systemauslegung, Integration und Regelung, Teubner, Stuttgart. 3. überarbeitete und erweiterte Auflage, 2003
4. Büsing, A., Meyer, H.: INTERBUS-Praxisbuch, Hüthig, 2002

Ein tragbares Prüfsystem für Beatmungsgeräte: Ein Fall für Embedded Linux

Hans Heinrich Heitmann

Hochschule für Angewandte Wissenschaften Hamburg
Fachbereich E/I
heitmann@informatik.haw-hamburg.de

Zusammenfassung. Bei der Entwicklung von eingebetteten Systemen werden zunehmend komplexe Betriebssysteme eingesetzt. Besonders reizvoll ist die Verwendung von Linux. Anhand eines konkreten Projektes wird gezeigt. dass mit solidem Basiswissen eine für die eigenen Anforderungen optimale Entwicklungs- und Laufzeitumgebung aufgebaut werden kann. Aufgrund der recht hohen zur Verfügung stehenden Rechenleistung lassen sich Programmarchitekturen nutzen, die zum einen die zeitlichen Anforderungen der Anwendung erfüllen und zum anderen eine einfach zu pflegende und sehr robuste Software ergeben. Durch die integrierte Skriptsprache lässt sich das Gerät von den Anwendungsfachleuten einfach an aktuelle Bedürfnisse anpassen.

1 Einleitung

Die Softwareentwicklung für eingebettete Systeme hat sich in den letzten Jahren massiv gewandelt, da in vielen Projekten der Speicherplatz und die Rechenleistung nicht mehr die begrenzenden Faktoren sind. Auf der anderen Seite ist die Komplexität der Anwendungen deutlich gestiegen. So sind grafische Benutzeroberflächen heute eine Selbstverständlichkeit, aber auch die Schnittstellen zur Außenwelt sind viel aufwändiger geworden . Feldbusse und lokale Netzwerke sind bereits Bestandteil vieler eingebetteter Systeme.

Die zusätzlichen Ressourcen ermöglichen den Einsatz von komplexen Betriebssystemen und Grafikbibliotheken. Damit kann die Softwareentwicklung deutlich vereinfacht und beschleunigt werden. Linux übt hier einen besonderen Reiz aus, da zusammen mit diesem Betriebssystem ein äußerst vielseitiger Werkzeugkasten zur Verfügung gestellt wird, der auch in eingebetteten Systemen gut genutzt werden kann.

Anhand eines konkreten Projektes soll nachfolgend aufgezeigt werden, wie Linux in einem eingebettetem System erfolgreich eingesetzt werden kann. Ein besonderer Teilaspekt ist dabei, dass aufgrund der hohen zur Verfügung stehenden Rechenleistung auf eine komplexe Multitasking-Architektur verzichtet werden konnte. Das Ergebnis ist eine sehr robuste Software, die einfach zu pflegen ist.

2 Das Projekt

Gegenstand des Projektes war die Entwicklung eines portablen Prüfgerätes für Medizingeräte. Das Gerät soll den Servicetechnikern vor Ort in den Krankenhäuser bei der Wartung und Reparatur von Beatmungs- und Narkosegeräten unterstützen. Neben reinen Messfunktionen zur Kontrolle der diversen Sensoren im Prüfling wurden auch komplexe Prüfabläufe implementiert, die bisher von Hand durchgeführt wurden mussten. Wichtige Prüfungen sind z. B. die Dichtigkeitschecks. Hierzu muss der Prüfling mit einem vordefinierten Druck beaufschlagt werden. Nachdem sich die Druckregelung stabilisiert hat, wird mit einem empfindlichen Flowsensor die Höhe der Leckage ausgemessen.

Abbildung 1 zeigt den Aufbau des Gerätes. Die Sensorik besteht zur Zeit aus fünf Drucksensoren mit CANopen–Protokoll, fünf RS232-basierten Flow Sensoren sowie einer Gasanalyseeinheit, die ebenfalls über RS232 angeschlossen wird. Für die Realisierung von komplexen Flow- und Druckverläufen stehen ein druckgeregeltes Proportionalventil und zwanzig weitere Schaltventile zur Verfügung.

Um das Gerät möglichst kompakt zu gestalten, wurde die Steuerelektronik auf einer eigens für dieses Projekt entwickelten Platine integriert. Herzstück ist ein steckbares, PC–kompatibles CPU–Board nach dem ETX Standard der Fa. Kontron. Als Prozessor kommt eine Geode CPU mit 266 MHz zum Einsatz. Das Board hat einen RAM-Speicher von 24 MByte. Eine Compact-Flash–Karte mit 64 MByte dient als Massenspeicher. Für die Benutzeroberfläche steht ein kleines LCD–Display mit 320*240 Pixel zur Verfügung. Die Bedienung erfolgt ausschließlich über 5 Hardkeys, die neben dem Display angeordnet sind.

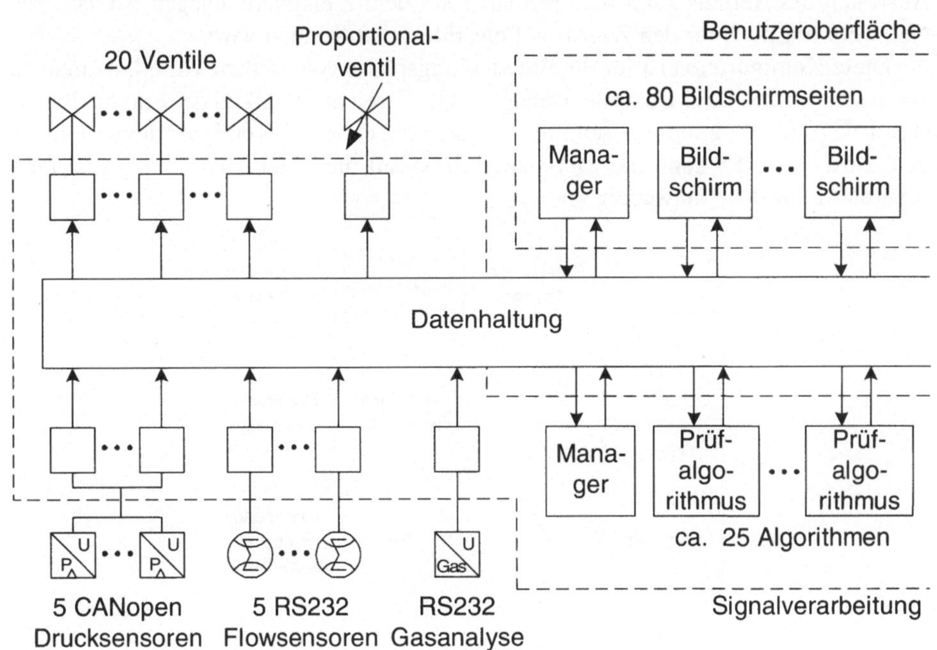

Abb. 1. Aufbau des Prüfgerätes

3 Linux

Die Projektleitung entschied sich früh für die Verwendung von Linux. Hauptgrund war neben der Lizenzfreiheit wohl die hohe Flexibilität und die zu erwartende Stabilität. Zudem hatte man mit Hilfe einer speziellen Linux-Distribution für Embedded Systems einen schnellen Anfangserfolg erzielt. Allerdings zeigte sich bald, dass die speziellen Anforderungen nur mit einem hohen Einarbeitungsaufwand in die Distribution zu erfüllen waren. Aufgrund der guten Erfahrung mit vorangegangenen Projekten [1] entschloss man sich daher, ein selbst gebautes Linux-System zu entwickeln. Daraus ist mit der Zeit eine Entwicklungs- und Laufzeitumgebung entstanden, die im Entwicklungsprozess sehr vielseitig genutzt werden kann.

3.1 Bootvorgang

Linux bietet vielfältige Möglichkeiten für den Bootvorgang. Abbildung 2 zeigt die in den verschiedenen Projektphasen verwendete Verfahren. Für die erste Inbetriebnahme war vom Vorteil, dass das CPU–Board den PXE–Standard (Pre–Execution Environment) [2] unterstützt. Konfiguriert man den Kernel so, dass er über NFS (Network File System) booten kann, kann das Zielsystem ohne Softwareinstallation direkt über das Netzwerk in Betrieb genommen werden. Die dafür erforderlichen Server (DHCP. TFTP, NFS) sind standardmäßig in den üblichen Distribution vorhanden. Nach dem Austesten des Kernels kann man ihn auch auf dem Zielsystem ablegen, so dass das Netzwerk nur noch für den Zugriff auf das Filesystem genutzt wird.

Diese Konfiguration ist für die Entwicklungsphase von großem Vorteil, da man so einen sehr kurzen Edit–Compile–Debug–Zyklus erreicht. Während der Entwicklungsarbeit liegt das Programm zusammen mit dem zugehörigen Konfigurationsdaten auf dem Host. Per NFS kann das Zielsystem direkt auf die Daten zugreifen. Es ist kein separater Download notwendig.

	Boot nur über Netzwerk	Boot über Netzwerk und Flash-Karte	Boot nur über Flash-Karte
Boot Para-meter	PXE	Flash-Karte Read only	Flash-Karte Read only
Kernel	TFTP		
Filesystem	NFS	NFS	Flash-Karte Read only (cloop-device)
Persistente Daten	NFS	Flash-Karte R/W	Flash-Karte R/W
Flüchtige Daten	NFS	NFS	RAM-Disk R/W

Abb. 2. Alternative Bootverfahren und die dabei verwendeten Technologien

Für die Auslieferung der Geräte muss natürlich das Filesysten im Zielsystem abgelegt werden. Ein wesentlicher Aspekt ist hierbei der Schutz gegen die Zerstörung des Massenspeicherinhaltes. Besonders problematisch ist dabei, dass das Gerät in der Regel nicht heruntergefahren wird, sondern der Anwender wird einfach die Stromversorgung ausschalten. Das Laufzeitsystem ist daher auf einer Nur–Lese-Partition untergebracht. Allerdings stellt dies keinen absoluten Schutz gegen eine Zerstörung dar, da der Schutz nur softwaremäßig wirkt. Die Partition ist nicht gegen direkte Schreibzugriffe der CPU geschützt. Wünschenswert wäre eine Flash–Karte, bei der für einzelne Partitionen ein Hardware–Schutz eingeschaltet werden kann.

Das Laufzeitsystem selber befindet sich in komprimierter Form in einer einzigen Datei innerhalb der geschützten Partition. Neben der Platzersparnis hat das den Vorteil, dass man die Konsistenz des Filesystems einfach mit einer Checksumme über diese Datei überprüfen kann. Außerdem muss bei einem Software-Update nur diese Datei ausgetauscht werden. Zu diesem Zwecke wurde in dem Bootvorgang eine automatische Abfrage eingebaut, die gegebenenfalls die neue Datei von einem angeschlossenen Notebook abholt. Die fur die Handhabung des Laufzeitsystems notwendigen Gerätetreiber (cloop-device) wurden dem bekannten Knoppix–Projekt entnommen [3]

3.2 Filesystem

Bei der Auslegung des Filesystems wurde darauf geachtet, dass auf dem Host und dem Target vergleichbare Verzeichnisstrukturen und Bibliotheken verwendet werden. Dadurch konnte die Anwendung auch direkt auf dem Host zur Ausführung gebracht werden. Das war sehr hilfreich in der Anfangsphase des Projektes, als die Hardware noch nicht zur Verfügung statt. Aber auch später konnte über diesen Weg z. B. die Fehlersuche in der Benutzeroberfläche vereinfacht werden

3.3 Grafische Benutzeroberfläche

Eine besonders wichtige Entscheidung eines Entwicklers von Linux–basierten Systemen ist die Auswahl des richtigen Grafiksystems. Die Aufgabe besteht darin, das richtige Paar von Window-System und Widget-Bibliothek zu bestimmen. Das im Desktop-Bereich vorwiegende X Window System wird von vielen für die Verwendung in eingebetteten Systemen aufgrund des hohen Ressourcenverbrauchs und der geringen Geschwindigkeit abgelehnt. Zwischenzeitlich wurden weitere Window-Systeme speziell für den embedded Bereich entwickelt, z. B. Microwindows [4]. Einen anderen Weg haben Hersteller von Widget-Bibliotheken beschritten. Sie haben ihre Bibliotheken dahingehend weiterentwickelt, dass sie ohne spezielles Window-System direkt auf den Framebuffer des Videosystems zurückgreifen können. Dies hat jedoch in der Regel den Nachteil, dass immer nur eine Anwendung zur Zeit auf den Bildschirm zugreifen kann. In der vorliegenden Anwendung ist aber geplant, z. B. den Hilfebildschirm über einen externen Webbrowser zu realisieren. Es wurde daher beschlossen, X Window einzusetzen. Glücklicherweise hat Keith Packard, ein Mitglied des XFree 86 Kernteams, einen kompakten X Window Server (Tiny-X) [5] speziell für eingebettete Systeme entwickelt. Dieser Server ist Bestandteil der normalen XFree 86 4.0 Distribution. Er kommt mit einem Speicherbedarf von unter 1 MByte aus.

Die weitere Entscheidung galt nun der Widget-Bibliothek. Neben den im Desktopbereich gebräuchlichen Bibliotheken Qt (KDE) und GTK (Gnome) existieren weitere, speziell für geringen Ressourcenbedarf entwickelte Systeme, z. B. FLTK von Bill Spitzak. Aufgrund des größeren Nutzerkreises von Gnome und KDE kann davon ausgegangen werden, dass diese Bibliotheken intensiver weiterentwickelt werden und eine längere Lebensdauer haben. QT hat den Vorteil, dass neben der Desktop–Version auch eine spezielle Version für eingebettete Systeme existiert. Durch den starken Support der Firma Trolltech macht das Produkt einen sehr ausgereiften Eindruck.

Allerdings ist die Nutzung im kommerziellen Bereich lizenzpflichtig. Hingegen gilt für die Bibliothek GTK die LGPL und darf daher in derartigen Projekten frei verwendet werden. Aus diesem Grund fiel die Entscheidung für die Kombination aus GTK und X Window.

Einfache Tests mit der GTK Bibliothek machten schnell deutlich, dass die Performance für die geforderten Animationen vollständig ausreicht. Beispielsweise benötigt die numerische Anzeige eines Messwertes mit 4 Stellen und einer Höhe von 14 Pixel unter Verwendung eines Doppelpufferverfahrens für eine flackerfreie Anzeige ca. 4.3 msec. Bei einem Bildschirm mit 14 Messwerten, die allesamt pro Sekunde dreimal aufgefrischt werden, ergibt sich somit eine CPU-Last von 18%. Auch die Animation des Bargraphens stellt kein Problem dar. Die Darstellung einer maximalen sprunghaften Änderung des Wertes mit einer Frequenz von 20 Hz bei einer Größe des Balkens von 240*20 Pixel belastet die CPU mit ca. 30%. Diese Ergebnisse zeigen, dass selbst bei der hier verwendeten im Vergleich zum Standard-PC recht schwachen CPU unter der Kombination von X und GTK gute Darstellungsgeschwindigkeiten zu erreichen sind. Damit steht auch dem eingebetteten System ein enorm mächtiges und flexibles Grafiksystem zur Verfügung, das die Softwareentwicklung deutlich beschleunigt hat.

4 Programmdesign

Wesentliches Ziel des Designs war es, eine starke Entkoppelung der Module zu erreichen. So soll z.B. ein Austausch der Sensoren oder das Hinzufügen von neuen Prüfabläufen mit wenig Aufwand durchgeführt werden können. Gefordert wurde zusätzlich eine möglichst einfache Architektur, um eine hohe Robustheit der Software zu erreichen. Da von vornherein abzusehen war, dass überaus reichlich Rechenzeit zur Verfügung steht, wurde auf eine aufwendige ereignisgesteuerte Software verzichtet. Es wurden daher nicht die in der Literatur zu findenden Ansätze für die Realisierung von multitaskfähigen objektorientierten Architekturen aufgegriffen. Vielmehr beschränkte man sich auf eine einfache Zeitsteuerung. Alle aktiven Objekte werden periodisch von zwei Zeitgebern aktiviert, wobei der eine für die Objekte der Benutzeroberfläche und der zweite für die Objekte der Signalverarbeitung zuständig ist. Mit diesem Konzept wurde eine gute Entkopplung zwischen der Benutzeroberfläche und der Signalverarbeitung erreicht. Der Zeitgeber für die Signalverarbeitung wird von einer separaten Thread mit hoher Priorität angesteuert, so dass die Signalverarbeitung vorrang vor der Benutzeroberfläche bekommt.. Die Abläufe innerhalb der Objekte werden jeweils durch Zustandsautomaten realisiert, die regelmäßig von den Zeitgebern angestoßen werden. Die Kommunikation zwischen der Benutzeroberfläche und der Signalverarbeitung erfolgt ausschließlich über die Datenhaltung. Der Zugriff hierauf ist durch

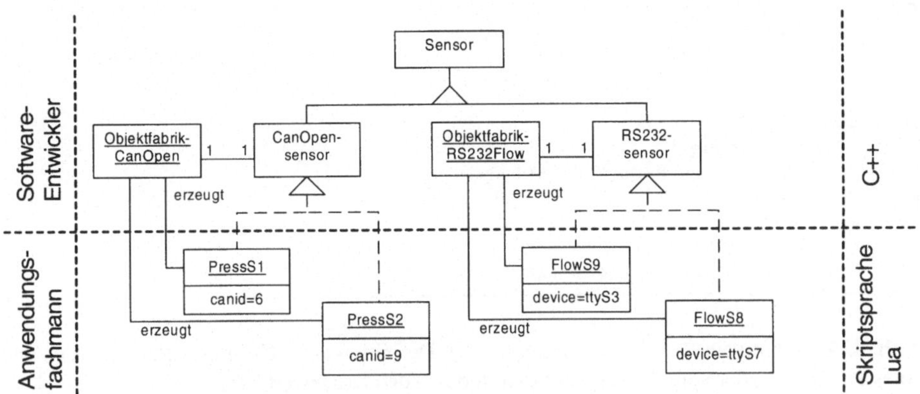

Abb. 3. Erklärungsmodell zur Softwarearchitektur

einen gegenseitigen Ausschluss gesichert. In der gesamten Software sind so keine weiteren Synchronisationen erforderlich.

Dieses Konzept funktioniert nur dann gut, wenn alle Aktionen, die von den Automaten ausgeführt werden sollen, keine wesentliche Rechenzeit beanspruchen. Besonders kritisch sind die System- und Grafikaufrufe. So dürfen bei den Systemaufrufen nirgendwo blockierende Aufrufe eingesetzt werden. Mit Hilfe spezieller Überwachungsfunktionen in den Timermodulen kann der Entwickler sich jederzeit einen genauen Überblick verschaffen, wie viel Rechenzeit jede einzelne Komponente verbraucht. Dieses Konzept erinnert zwar ein wenig an die Anfangszeit der Mikroprozessorprogrammierung, hat aber den großen Vorteil einer sehr einfach zu handhabenden Software, die ohne komplizierte Synchronisationsmechanismen auskommt.

Die Gestaltung des Programms sollte so erfolgen, dass die Fachleute im Service die genaue Auslegung der Benutzeroberfläche und der Prüfabläufe selber vornehmen können. Die Software wurde daher, wie in Abbildung 3 gezeigt, in zwei Ebenen aufgeteilt. In der oberen Ebene werden von den Softwarespezialisten lediglich Klassen für die Prüfabläufe und für die Benutzeroberfläche sowie für die Schnittstellen zu den Sensoren und den Aktoren erstellt. Zu jeder Klasse gibt es eine sogenannte Objektfabrik, mit deren Hilfe von den Klassen die gewünschten Instanzen gebildet werden können.

In der unteren Ebene besteht die Aufgabe nun darin, für die konkreten Komponenten mit Hilfe der jeweiligen Objektfabrik Instanzen der zugehörigen Klassen zu generieren. Der wesentliche Punkt ist dabei die Parametrisierung der Objekte durch den Anwendungsfachmann. Der Fachmann soll sich jedoch nicht mit der komplexen C++ Architektur auseinandersetzen. Aus dem Grund wurde in der zweiten Ebene eine Skriptsprache integriert. Zwar hätte sich hier auch die Verwendung von XML angeboten. Der Skriptsprache wurde aber den Vorzug gegeben, da sie weniger Ressourcen verbraucht und von den Anwendern einfacher erlernt werden kann. Nachteilig ist, dass die Richtigkeit des Skripts nicht direkt überprüft werden kann.

Unter Linux steht eine Vielzahl von Skriptsprachen zur Verfügung. Ausgewählt wurde eine recht unbekannte Sprache mit dem Namen Lua [6], die von der Computer Graphics Technology Group an der Poritificial Catholic University in Rio de Janeiro

```
PRESS_SDOS_100 ="0x1a00,1,0x61300120,4/" .. -- pdo mapping
                "0x210A,0,2,1/"          .. -- switch to 100 Hz sampling
                "0x210B,0,200,1"

devices.PressSensor1 =
    {'DeviceCanopen',
      {node=6,sdos=PRESS_SDOS_100}}

params.PressS1 =
    {'PressSensor1',
      {index=0,format='float',factor=1.0}}
```

Abb. 4. Ausschnitt aus dem Konfigurationsskript. Definition eines CANopen-Drucksensors und eines Parameters, der vom Sensor unter dem Index 0 den Druckwert liest.

entwickelt wurde. Diese Sprache zeichnet sich durch einen geringen Ressourcenbedarf aus und besitzt sehr machtvolle Konstrukte zur Datenbeschreibung. Sie wird insbesondere gerne von Spieleprogrammierern eingesetzt.

Abbildung 4 zeigt einen kleinen Ausschnitt des Skripts, in dem ein CANopen-basierter Drucksensor definiert wird. Die Sprache ist recht intuitiv. Über Funktionen lassen sich sehr einfach Makros definieren, mit denen z.B. das grundsätzliche Bildschirmlayout festgelegt werden kann. Insgesamt wurde die Skriptsprache von den Fachleuten gut angenommen. In der Zwischenzeit sind von ihnen mehr als 15.000 Zeilen Code erstellt worden.

4.1 Ereignisübertragung und Synchronisation

Ereignisse, die z. B. von der Benutzeroberfläche an die Prüfabläufe geschickt werden müssen, werden ausschließlich über Variable innerhalb der Datenhaltung übertragen. Es werden keine Mechanismen des Betriebssystems verwendet. Oft wird die Ereignisübertragung per Variable so gelöst, dass der Sender die Variable setzt und der Empfänger diese nach der Bearbeitung des Ereignisses löscht. Dieses Konzept hat allerdings den Nachteil, dass pro Ereignis nur ein Sender und ein Empfänger möglich ist. Aus diesem Grund wurden alle Ereignisse mittels zählender Variable implementiert. Jeder Empfänger eines Ereignisses merkt sich dessen letzten Zustand. Bei jeder Aktivierung eines Objektes vergleicht es den aktuellen Zustand der Variable mit dem zuletzt gemerkten Wert und kann so sicher das Eintreffen eines Ereignisses registrieren. Mit diesem Konzept erreicht man, dass ein Ereignis von verschiedenen Sendern ausgelöst und von mehreren Empfängern gleichzeitig empfangen werden kann. Die Sender und Empfänger müssen sich dabei nicht kennen. Über diesen Weg erhält man eine sehr starke Entkoppelung der Objekte und man vermeidet komplizierte Synchronisationsmechanimen. Gleichzeitig wird damit sicher gestellt, dass keine Ereignisse verloren gehen.

5 Zeitverhalten

Bei der Auslegung des Programms war es ein wichtiges Ziel, das es vollständig im User-Bereich des Betriebssystem ablaufen sollte. Dies erhöht deutlich die Robustheit der Anwendung und erleichtert erheblich die Pflege und die Fehlersuche. Insbesondere sollte keine Echtzeiterweiterung verwendet werden. Die wesentliche Frage war daher, ob das Betriebssystem überhaupt in der Lage ist, das geforderte Zeitverhalten zu erfüllen.

Für die gezeigte Programmarchitektur ist es wichtig, einen zuverlässigen Takt zu haben. Für die Signalverarbeitung war ein Takt von ca. 10 msec und für die Benutzeroberfläche von 20ms geplant. Insgesamt stellte sich die Erzeugung eines solchen Taktes schwieriger als gedacht heraus, da Linux hierfür standardmäßig keine Systemaufrufe zur Verfügung stellt. Im einfachsten Fall kann der Takt mit einer Schleife unter Verwendung der Funktion usleep generiert werden. Diese Funktion erwartet als Parameter die Angabe einer Wartezeit in µsec. Im Kernel 2.4 ist aufgrund des Systemtaktes von 100 Hz eine Granularität von 10 msec möglich, aber die kleinste einstellbare Zeit beträgt, wie Abbildung 5 zeigt, lediglich 20 msec. Der Systemtakt kann durch entsprechende Konfiguration des Kernels erhöht werden. Dies ist im Kermel 2.6 standardmäßig geschehen. Hier beträgt der Systemtakt 1000 Hz.

Die Verwendung einer Schleife für die Erzeugung eines periodischen Taktes birgt die Gefahr, dass man einzelne Takte verpasst. Hier ist ein aufwändigeres Management unter Zuhilfenahme der Hardware-Uhr notwendig. Eine Verbesserung könnten die Posix 1b Echtzeiterweiterungen bringen, die unter Linux in der librt vorhanden sind. Leider

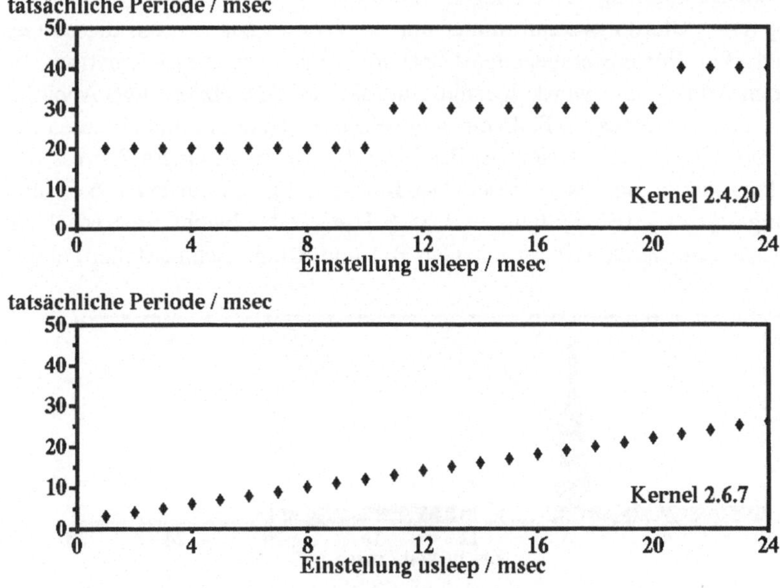

Abb. 5. Dauer des usleep Systemaufrufs als Funktion des usleep-Parameters

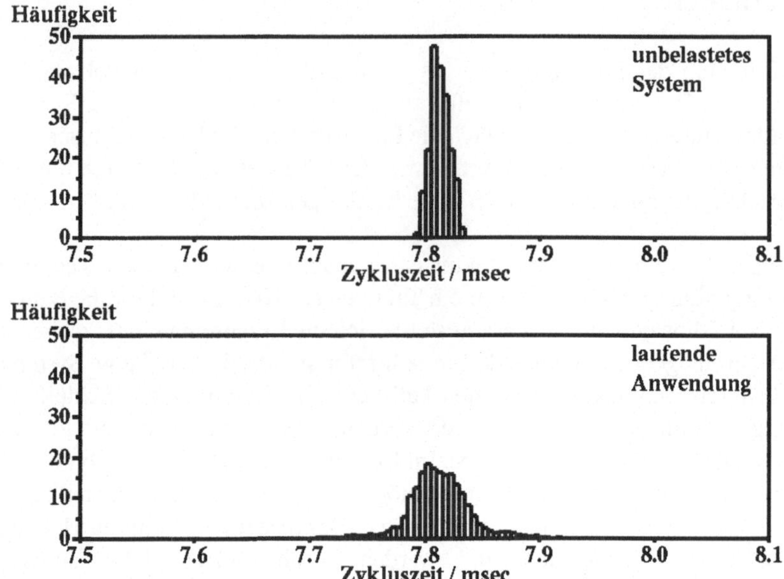

Abb. 6. Messung des Jitters der periodischen Aktivierung im unbelasteten System und bei laufender Anwendung

findet man zu dieser Bibliothek kaum Informationen. Es besteht aber eine weitere Möglichkeit der Taktgenerierung mit Hilfe der Echtzeituhr des PC's . Diese ist in der Lage, periodische Interrupts zu erzeugen. Hierfür steht ein spezieller Gerätetreiber zur Verfügung (rtc). Allerdings kann immer nur ein Prozess zur Zeit auf diesen Gerätetreiber zugreifen. Für ein eingebettetes System ist das aber unproblematisch. In der vorliegenden Anwendung wurde hiermit ein Takt von 128 Hz erzeugt. Abbildung 6 zeigt die Güte des Taktes im Falle eines unbelasteten System und bei laufender Anwendung. Im unbelasteten System ist der Jitter des Taktes in einem Prozess mit der höchsten Priorität kleiner als 0.1msec. Der Jitter erhöht sich nur leicht bei laufender Anwendung mit ca. 10% System- und 35% User-Zeit, obwohl im Kernel etliche interruptgesteuerte Gerätetreiber (u. a. Can-Bus und RS232-Schnittstellen) aktiv sind

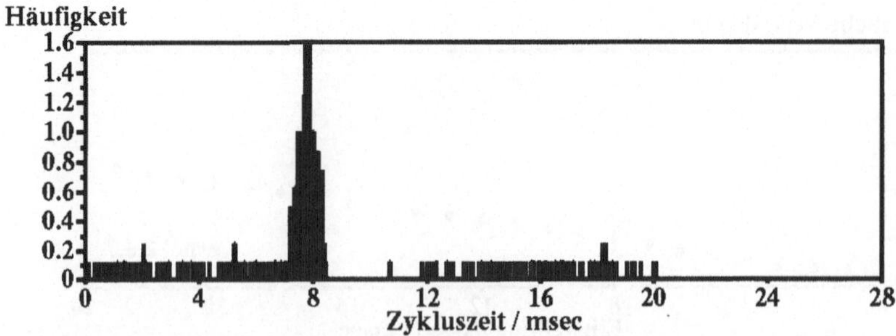

Abb. 7. Jitter der periodischen Aktivierung bei der Ausführung eines Copy-Befehls von der Flash-Karte auf ein NFS-basiertes Netzwerkverzeichnis

und auf der Benutzeroberfläche mehrere Messwertanzeigen periodisch aufgefrischt werden.

Die Messergebnisse täuschen aber ein falsches Bild von den Echtzeiteigenschaften des Betriebssystems vor. Die Ausführung eines einfachen Copy-Befehls von der Flash-Karte auf ein per NFS eingebundenes Netzwerkverzeichnis verschlechtert das Zeitverhalten massiv (Bild ..). Dieses Ergebnis ist nahezu unabhängig von der Kernelversion. Auch das Aktivieren des Preemption brachte keinerlei Verbesserung. Es ist daher immer im Einzelfall zu prüfen, ob die verwendeten Betriebssystemfunktionen das gewünschte Zeitverhalten tatsächlich ermöglichen.

6 Zusammenfassung

Mit Linux steht ein komplexes Betriebssystem zur Verfügung, dass sich auch in eingebetteten Systemen sehr gut einsetzen lässt. Neben der Vielzahl der zur Verfügung stehenden Werkzeuge überzeugt es durch die gute Skalierbarkeit. Das vorgestellte Projekt belegt zusammen mit Betriebssystem, X Window, GTK und Webbrowser 16 MByte auf der Compact-Flash-Karte. Solides Basiswissen vorausgesetzt, kann die Entwicklungs- und Laufzeitumgebung auch ohne eine spezielle Distribution optimal für das eigene Projekt zusammengestellt werden. Problematisch ist das Zeitverhalten des Kernels, dass auch in der Version 2.6 noch große Schwächen zeigt. Die Entwicklung von multitaskfähigen Anwendungen ist durch die Integration der pthread-Bibliothek vereinfacht worden. Eine weitergehende Integration der Thread-Bibliothek in den Kernel wird zur Zeit von den Projekten NGPT [7] und NPTL [8] betrieben. Allerdings kann in vielen Fällen in der Anwendung aufgrund der hohen Rechenleistung auf ein aufwändiges Multitasking verzichtet werden. Dies verbessert die Wartbarkeit und die Robustheit. Attraktiv ist die Integration von Skriptsprachen in die Anwendung. Dies eröffnet den Anwendungsfachleuten eine einfache und direkte Möglichkeit, das System nach ihren Vorstellungen zu gestalten.

Literaturverzeichnis

1. Heitmann, H. H., Burmeister, J., „Erfahrungen mit Embedded Linux", Pearl 2000.
2. „Preboot Execution Environment (PXE) Specification", ftp://download.intel.com/labs/manage/wfm/download/pxespec.pdf.
3. Knopper, K.: „cloop - a transparently decompressing block device", Chemnitzer Linux Tage, 2002, http://www.knopper.net/knoppix-info/cloop-chlt4-screen.pdf
4. Haerr, G: „The Microwindows Project", http://microwindows.censoft.com/
5. Chroboczek, J: „The KDrive Tiny X Server", http://www.pps.jussieu.fr/~jch/software/kdrive.html
6. Ierusalimschy, R., de Figueiredo, L. H, Celes, W.: „Lua-an extensible extension language", Software: Practice & Experience 26 #6 (1996) 635-652.
7. „Next Generation POSIX Threading Project", http://www-124.ibm.com/developerworks/oss/pthreads/
8. „Native POSIX Thread Library", http://sources.redhat.com/ml/libc-alpha/2002-09/msg00350.html

Sturzvermeidung von zweibeinigen Robotern durch reflexartige Reaktionen

O. Höhn[1], M. Schollmeyer[2] und W. Gerth[3]

[1] Institut für Regelungstechnik, Universität Hannover
hoehn@irt.uni-hannover.de,
Tel. 0511/762-4521
[2] M. Schollmeyer, Hannover
michael-schollmeyer@gmx.de,
[3] Institut für Regelungstechnik, Universität Hannover
gerth@irt.uni-hannover.de,
Tel. 0511/762-4513

Zusammenfassung. Die Fortbewegung mobiler Serviceroboter auf zwei Beinen beinhaltet neben vielen Vorteilen auch eine sehr hohe Haltungsinstabilität. So können externe Einwirkungen, wie z.B. Stöße, den Roboter zum Stürzen bringen. Diese Störungen lassen sich bis zu einem gewissen Grad durch regelungstechnische Eingriffe kompensieren. Gerade bei Stößen gegen den Robotertorso werden diese Grenzen jedoch schnell überschritten. Wie beim Menschen gelingt eine Fallvermeidung dann nur noch durch reflexartig ausgeführte Bewegungen.
Dieser Artikel beschreibt Verfahren zur Detektion und Klassifikation von Stößen gegen den Robotertorso und die Stabilisierung des Systems durch einen reflexartig ausgeführten Ausfallschritt. Als Robotersystem kam dazu der zweibeinige autonome Laufroboter BARt-UH in einer umgebauten Version zum Einsatz. Es werden die verwendeten Sensoren sowie die Kriterien zur Stoßklassifikation vorgestellt. Abschließend wird die Planung der Ausfallschritt-Trajektorien sowie die Umsetzung der angesprochenen Verfahren auf dem Mikrocontroller des Roboters besprochen.

1 Einleitung

Zweibeinige Laufroboter bieten gegenüber radgebundenen Systemen eine hohe Flexibilität und Beweglichkeit im menschlichen Lebensraum. Durch die einseitige und unteraktuierte Bindung des Fußes an den Boden bedingt diese Art der Fortbewegung jedoch eine recht hohe Haltungsinstabilität (vgl. [Gos99]).
So zählen in Deutschland Stürze beim Menschen mit über 2,5 Millionen Fällen pro Jahr zur häufigsten Unfallursache im Haushalt (Bundesanstalt für Arbeitsschutz und Arbeitsmedizin). Daraus lässt sich erkennen, dass beim Menschen wie auch beim Serviceroboter durch äußere oder unvorhergesehene Einflüsse jederzeit die Gefahr eines Sturzes gegeben ist. Vor dem kommerziellen Einsatz bipedaler Robotersysteme müssen geeignete Mechanismen entwickelt werden, um bei einem drohenden Fall entsprechend reagieren zu können und so den Roboter vor Beschädigungen zu schützen.

Es ist zu beobachten, dass sich der Mensch zur Sturzvermeidung unterschiedlicher Strategien bedient. Bei schwankenden Untergründen oder schwächeren Stößen gelingt eine Stabilisierung durch eine Gewichtsverlagerung mit Einsatz der Hüfte (Hüft-Strategie). Weiterhin ist es möglich, durch das Strecken der Füße den Druck an den Zehen zu erhöhen und so den Massenschwerpunkt nach hinten zu verlagern (Knöchel-Strategie). Bei starken Stößen ist eine Sturzvermeidung dagegen ausschließlich durch einen Ausfallschritt möglich (vgl. [BPRL03]).
Gegenstand dieser Arbeit sind Stöße in der Größenordnung, dass eine Stabilisierung nur noch mittels eines Ausfallschritts möglich ist. Die Aufgabe des Robotersystems besteht dabei in der zuverlässigen Erkennung und Beurteilung eines Stoßes mit Hilfe der angeschlossenen Sensoren sowie in der darauf folgenden Stabilisierung durch einen reflexartig durchgeführten Schritt.

2 Versuchsaufbau

Die Stoßuntersuchungen wurden mit Hilfe des zweibeinigen autonomen Laufroboters BARt-UH [Alb02] durchgeführt. Der Roboter ist 75 cm hoch und hat ein Gewicht von ca. 25 kg. Mit seinen sechs aktiven Freiheitsgraden erlaubt er Falluntersuchungen in der sagittalen Ebene. Ein Motorola MPC555, auf welchem das Echtzeitbetriebssystem RTOS-UH läuft, übernimmt dabei die gesamte Steuerung und Regelung des Systems. Bis auf einige Assemblerroutinen ist die gesamte Software in PEARL verfasst.
Zum Schutz vor Beschädigungen wurde der Robotertorso mitsamt der elektronischen Komponenten gegen einen Stahltorso gleichen Gewichts ersetzt. Die Ansteuerung der Motoren und das Auswerten der Sensoren erfolgte weiterhin über die Elektronik auf dem ursprünglichen, von den Beinen getrennten, Oberkörper. Dieser wurde über Kabel mit dem Rest des Systems verbunden. Mittels an der Decke befestigter Seilen wurde der Roboter vor dem Aufschlagen auf dem Boden gesichert (vgl. Abbildung 1).
Um reproduzierbare Stöße gegen den Torso einleiten zu können, diente ein 2,7 kg schweres, ebenfalls an der Decke befestigtes Gewicht. Dieses konnte gezielt ausgelenkt und gegen den Torso geschwungen werden. Zur Dämpfung der eingeleiteten Impulse kamen unterschiedliche Lagen Schaumstoff zum Einsatz. Mit der Vorrichtung war es möglich, reproduzierbare Impulse von bis zu 9 kg m/s einzuleiten.

2.1 Sensorik

Der Roboter ist mit mehreren Beschleunigungssensoren ausgestattet. Auf dem Torso befindet sich jeweils ein ADXL202 und ein ADXL210 von *Analog Devices*. Die Sensoren besitzen einen Messbereich von ± 2 g bzw. ± 10 g und ermöglichen die Messung der Torsobeschleunigung. Ein weiterer ADXL202 ist auf dem Fuß von BARt montiert. Durch die Messung des Gravitationsvektors erlaubt dieser Sensor die Bestimmung des Fuß-Kippwinkels gegenüber dem Boden. Der

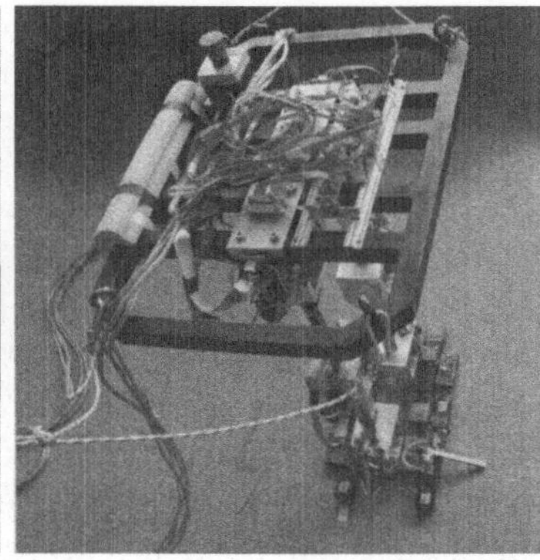

Abb. 1. Links: Demontierter Torso mit Mikrocontroller, Leistungselektronik und Akku. **Rechts:** BARt-UH mit Stahltorso und Sicherungsseilen.

Kippwinkel ist für die Stabilitätsaussagen von entscheidender Bedeutung. Daher wurde ein zusätzlicher Sensor zu Referenzmessungen installiert, welcher die Neigung des Fußes mit Hilfe eines Potentiometers ermittelt.

Weiterhin befinden sich vier Drucksensoren unter den Roboterfüßen. Mit ihnen ist es möglich, die Bodenreaktionskräfte zu bestimmen. So können Stabilitätsaussagen für den statischen und dynamischen Bewegungszustand des Roboters getroffen werden (vgl. Abschnitt 3).

Die Übertragung der Sensorsignale über den 7 m langen Kabelweg zum abmontierten Torso erfordert eine störunempfindliche Anbindung der Sensoren an den MPC555. Die Beschleunigungssensoren bieten dazu neben dem analogen Messwert schon ein PWM-Signal mit einer zur Beschleunigung proportionalen Hightime an. Dieses lässt sich direkt mit der TPU des Mikrocontrollers auswerten. Auch die Signale der Wägezellen, die zur Druckmessung unter den Roboterfüßen zum Einsatz kommen, werden in dieser Weise übertragen. Die Umsetzung der zum Druck proportionalen Spannung in ein PWM-Signal erfolgt dabei direkt am Fuß. Die Potentiometerspannung wird ebenfalls vor Ort digitalisiert und seriell an den MPC555 gesendet. Das QSPI des Mikrocontrollers ist dabei mit 1 Mhz getaktet, um die erforderliche Samplezeit zu garantieren.

3 Detektion und Klassifikation von Stößen

Nach einem Stoß verbleiben je nach Stärke etwa 0,5 s zum Ausführen des Schrittes. Darin ist auch die Zeit zum Klassifizieren des eingeleiteten Impulses enthalten. Die zuverlässige und genaue Erkennung der Störung ist dabei von besonderer Bedeutung, da sowohl ein zu schnell als auch ein zu langsam ausgeführter Schritt zum Sturz des Roboters führen würden.

Für Stabilitätsaussagen von Trajektorien zweibeiniger Laufmaschinen existieren in der Literatur (z.B. [Alb02] oder [Gos99]) mehrere, im Folgenden kurz genannte, Kriterien:

Ground Projektion of the Center of Mass (GPCoM)
Die GPCoM stellt ein statisches Stabilitätskriterium dar. Es wird der resultierende Massenschwerpunkt des Roboters aus seinen Teilkörpern i mit ihrer Position $\mathbf{x}_i$ und Masse m_i gebildet und auf den Boden projiziert. Liegt dieser Punkt $\mathbf{x}_{GPCoM}$ im Stabilitätsgebiet (hier die Fußaufstandsfläche), so ist der Roboter statisch stabil.

$$\mathbf{x}_{GPCoM} = \frac{\sum_i m_i \mathbf{x}_i}{\sum_i m_i}$$

Zero Moment Point (ZMP)
Beim ZMP werden im Gegensatz zum GPCoM auch die dynamischen Einflüsse durch die Bewegung der Teilkörper berücksichtigt. Der ZMP ist als der Punkt am Boden definiert, in dem eine gedachte Haltekraft ansetzen müsste, um das System im augenblicklichen Zustand zu halten. Zusätzlich ist dabei lediglich ein Moment um die y-Achse (vgl. Abbildung 4) zulässig. Für die Komponente p_x in transversaler Richtung ergibt sich mit den in Abbildung 3 eingeführten Koordinaten:

$$p_x = \frac{\sum_j (M_{zj} - y_j F_{xj} + x_j F_{yj}) - \sum_i (\dot{L}_{zi} - m_i y_i \ddot{x}_i + m_i x_i (\ddot{y}_i + g))}{-\sum_i m_i (\ddot{y}_i + g) + \sum_j F_{yj}}.$$

Dabei sind durch **M** und **F** auch externe Störkräfte bzw. Momente berücksichtigt. Auch hier gilt, dass das System stabil ist, wenn sich der ZMP innerhalb der Fußaufstandsfläche befindet.

Center of Pressure (CoP)
Der CoP bezeichnet den Punkt der resultierenden, normal zum Boden orientierten, Druckkraft. In [Gos99] wird gezeigt, dass dieser mit dem ZMP identisch ist. Der Vorteil des CoP liegt in seiner direkten Messbarkeit über die Drucksensoren unter den Roboterfüßen. Somit erhält man mit dem CoP eine einfach zu bestimmende Aussage über die dynamische Stabilität des Roboters.

3.1 Stabilitätsaussagen bei starken Stößen

Bei den Untersuchungen hat sich gezeigt, dass die genannten Verfahren nur bedingt für Stabilitätsaussagen bei Stößen geeignet sind. Schon bei schwächeren Einwirkungen hebt der Roboter mit der Fußfläche vom Boden ab. Damit existiert keine Fußauflagefläche mehr. Nach den oben aufgezählten Verfahren ist das System demnach instabil, obwohl es nicht zwangsläufig zu einem Sturz kommen muss. Auch die Auswertung der Zeit, die beispielsweise der CoP benötigt, um

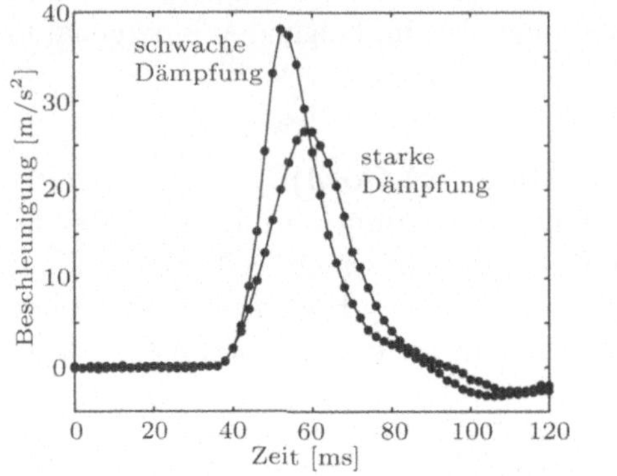

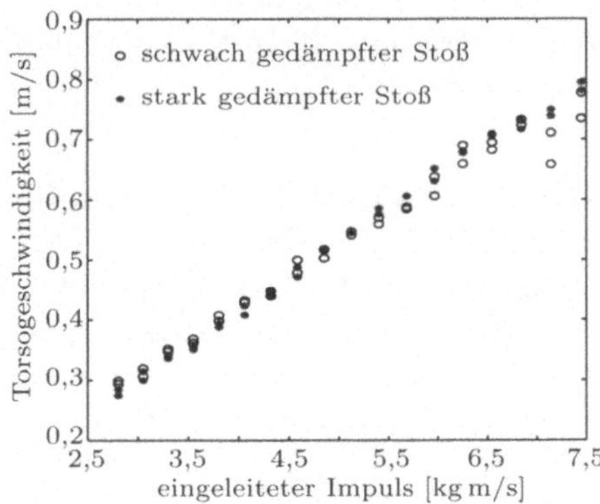

Abb. 2. Links: Mit den Beschleunigungssensoren gemessene Torsobeschleunigung bei einem gleich starken aber unterschiedlich gedämpften Stoß. **Rechts:** Durch Integration des Beschleunigungspeaks ermittelte Torsogeschwindigkeit. Die Streuung bei stärkeren Impulsen resultiert aus der begrenzten Bandbreite der Beschleunigungssensoren und der höheren Dynamik bei schwacher Stoßdämpfung.

nach einem Stoß an den Rand des Stabilitätsgebiets zu gelangen, erweist sich als recht ungenau. Es war zu beobachten, dass die Dauer viel mehr von der Elastizität des Roboters und damit unter anderem auch von der Reglereinstellung in den Gelenken abhängig ist, als von der Stoßstärke.

3.2 Messung der Torsogeschwindigkeit

Charakteristisch für einen Fall sind die Geschwindigkeiten von Torso und Aufstandsfuß. Während einer normalen Bewegung besitzen diese eine identische Durchschnittsgeschwindigkeit. Bei einem Sturz, eingeleitet durch einen Stoß oder auch durch ein Stolpern, befindet sich der Fuß am Boden, wohingegen der Torso eine eingeprägte Geschwindigkeit besitzt. Mit Hilfe der Torsogeschwindigkeit direkt nach einem Stoß ist es nun möglich, eine Aussage über die Stabilität des Roboters zu treffen. Die Geschwindigkeit lässt sich durch Integration der aus den ADXL gewonnenen Beschleunigungssignale während eines Stoßimpulses bestimmen. Dazu wird bei einem erkannten Impuls das Integral über 60 ms ausgewertet. Wie in Abbildung 2 zu erkennen ist, steigt die Geschwindigkeit linear mit dem eingeleiteten Impuls an und ist unempfindlich gegenüber der Stoßdämpfung. Um gerade bei schwach gedämpften Stößen der Dynamik folgen zu können, darf die Samplingfrequenz der Beschleunigungssensoren nicht zu klein gewählt werden. Bei den durchgeführten Untersuchungen hat sich eine Abtastzeit von 2 ms als ausreichend erwiesen.

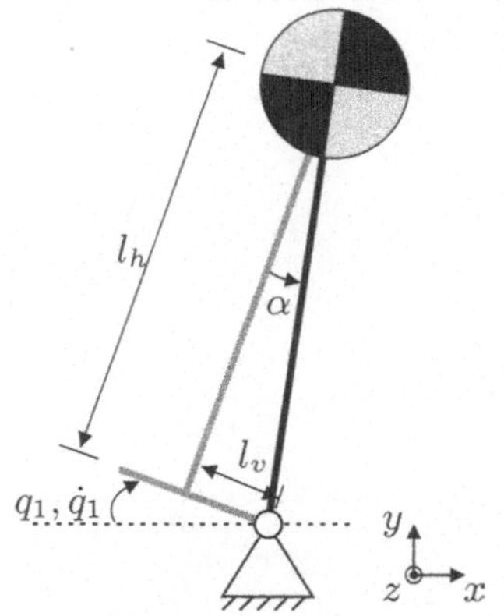

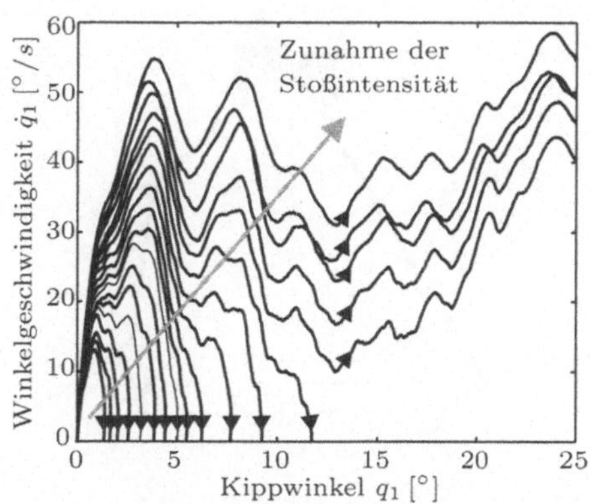

Abb. 3. Links: Ein-Massen-Modell (l_h: Abstand vom Fuß zum Torsoschwerpunkt und l_v: Abstand Fußspitze bis zum Knöchel). **Rechts:** Gemessenes Phasenportrait für verschieden starke Stöße. Die Geometrie der Roboterfüße und der Drucksensoren führt zu der charakteristischen Welligkeit der Trajektorien.

3.3 Phasenebene

Ein weiteres Verfahren zur Klassifikation eines Stoßes stellt die aus Kippwinkel q_1 und dessen Geschwindigkeit $\dot{q}_1$ aufgespannte Phasenebene dar (vgl. Abbildung 3). Fasst man den Roboter als inverses Pendel auf, so besitzt dieser lediglich einen rotatorischen Freiheitsgrad an der Fußspitze (bzw. bei Stößen von vorne an der Ferse). Die Pendelstange führt dabei vom Momentanpol an der Fußspitze zum Torso. In der Ruhelage besitzt das Pendel nun einen von Null verschiedenen Winkel α, der sich aus der Robotergeometrie ergibt

$$\alpha = \arctan\left(\tfrac{l_v}{l_h}\right) \approx 11°.$$

Die Grenzkurve im Phasendiagramm lässt sich aus einer Energiebetrachtung bestimmen. Die Energie des Pendels beträgt dabei

$$E_{Pendel} = \tfrac{1}{2} J \dot{q}_1^2 + m g l_p \cos(q_1 - \alpha), \qquad l_p = \sqrt{l_v^2 + l_h^2}$$

Die maximale Energie damit das Pendel nicht nach vorne überkippt darf

$$E_{max} = m g l_p$$

betragen. Gleichsetzen der Energien $E_{Pendel} = E_{max}$ liefert einen analytischen Ausdruck für die Grenzkurve

$$\dot{q}_{1grenz}(q_1) = \sqrt{\tfrac{2g}{l_p}[1 - cos(q_1 - \alpha)]}$$

Für $\dot{q}_{1grenz}(0°) = 45°/\mathrm{s}$ und $\dot{q}_{1grenz}(11°) = 0°/\mathrm{s}$ erhält man Eckwerte, die sich auch in realen Messungen wiederfinden (vgl. Abbildung 3). Mit Hilfe der

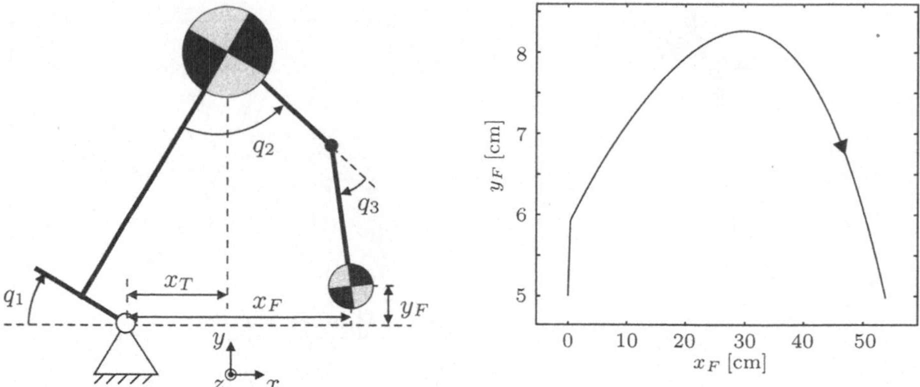

Abb. 4. Links: Für die Bahnplanung verwendetes Zwei-Massen-Modell. **Rechts:** Optimale Ausfallschritt-Trajektorie des Schwingfußes in Umweltkoordinaten.

Phasenebene lässt sich somit eine instabile Haltung frühzeitig erkennen und auch in ihrer Stärke klassifizieren. Ein Vorteil der Zustandsbestimmung mit Hilfe der Phasenebene gegenüber der Beschleunigungsmessung des Torso liegt in der Möglichkeit auch Instabilitäten zu erkennen, die nicht durch einen Stoß hervorgerufen wurden. Erstreckt sich die externe Krafteinwirkung über eine längere Zeit und ist relativ schwach, z.B. beim Drücken gegen den Torso, so kann mit der Beschleunigungsmessung keine Aussage über den Störeingriff getroffen werden. Mit Hilfe der Phasenebene besitzt man dann immer noch die Möglichkeit, Rückschlüsse auf den momentanen Zustand des Roboters zu ziehen und eine entsprechende Reaktion einzuleiten.

3.4 Umsetzung der Stoßerkennung

Auch wenn sich mit Hilfe von CoP und ZMP keine befriedigende Aussage über die Kippneigung des Roboters treffen lässt, dienen sie dennoch als notwendige Kriterien für die Durchführung eines Ausfallschrittes. Die Redundanz der Verfahren verhindert das irrtümliche Detektieren eines Stoßes, wodurch es durch die anschließende Reaktion des Roboters zu einer erheblichen Gefährdung von Personen kommen könnte. Die Beurteilung der einwirkenden Störung erfolgt durch Messung des Kippwinkels q_1 und dessen Winkelgeschwindigkeit $\dot{q}_1$ sowie mit den Daten der Beschleunigungssensoren auf dem Torso.
Um auf Basis der betrachteten Stabilitätskriterien die Stoßstärke beurteilen zu können, müssen die unterschiedlichen Ansprechzeiten der Verfahren beachtet werden. Wie in Abbildung 5 zu erkennen ist, variiert die Zeit vom Auftreffen des Stoßgewichts auf dem Torso bis zum Ansprechen der Kriterien (bzw. bis zur Beurteilung der Stoßstärke) zwischen 10 ms und 80 ms. Dabei kann es vorkommen, dass z.B. der CoP nach 80 ms keinen instabilen Zustand mehr anzeigt, da

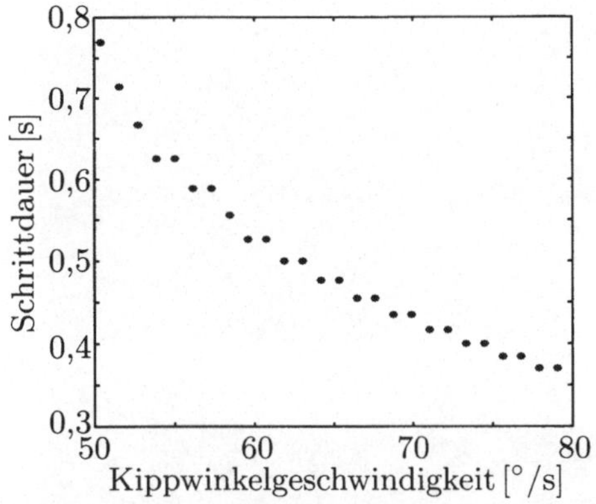

Kriterium	Ansprechzeit
CoP	0,04 s
ZMP	0,01 s
Torso-geschwindigkeit	0,06 s
Phasenebene	0,08 s

Abb. 5. Links: Dauer des Ausfallschritts bei unterschiedlicher Torsogeschwindigkeit nach einem Stoß. **Rechts:** Maximale Ansprechzeit der Stabilitätskriterien.

die Fußsensoren bereits den Bodenkontakt verloren haben. Ein erkannter instabiler Zustand muss daher für eine gewisse Zeit gespeichert werden. Ausgelöst wird die Schrittreaktion schließlich, wenn die notwendigen Bedingungen angesprochen haben und sich aus der Phasenebene oder den Beschleunigungssensoren die Stoßstärke bestimmen lässt.

4 Ausfallschritt-Trajektorie

Die in dieser Arbeit verfolgte Strategie bestand darin, den Sturz des Roboters durch einen reflexartigen Ausfallschritt zu verhindern. Reflexartig bedeutet in diesem Zusammenhang, dass die Schritt-Trajektorien für mehrere Stoßstärken schon im Vorfeld berechnet werden. Dies ist notwendig, da die Roboterantriebe bei den geforderten Geschwindigkeiten keinen zeitlichen Spielraum mehr zulassen. Es ist dabei erforderlich, die Stoßstärke (bzw. den Roboterzustand) frühzeitig zu erkennen, um so mit einer dem Stoß angepassten Bewegung zu reagieren.

Um den Roboter auch bei einem ungenau erkannten Stoßimpuls nicht zum Überkippen zu bringen, sind bei der Trajektorienplanung einige Randbedingungen zu beachten. So muss sich das schwingende Bein zu Beginn der Schrittphase möglichst weit oberhalb des Bodens befinden, um ein Stolpern zu vermeiden. Auch der Abstand vom Standfuß zum Torso und vom Torso zum Aufsetzpunkt des Schrittbeins muss sich in definierten Grenzen bewegen, um eine optimale Stabilität des Systems zu garantieren. Ein Verhältnis der Torsoposition in x Richtung zum Aufsetzpunkt des Schwingbeins von $\frac{x_T}{x_F} = \frac{2}{3}$ führte bei den untersuchten Trajektorien zu den besten Ergebnissen (vgl. Abbildung 4). Weitere Einschränkungen bei der Bahnplanung sind durch die Roboterkinematik und die maximalen Motormomente gegeben.

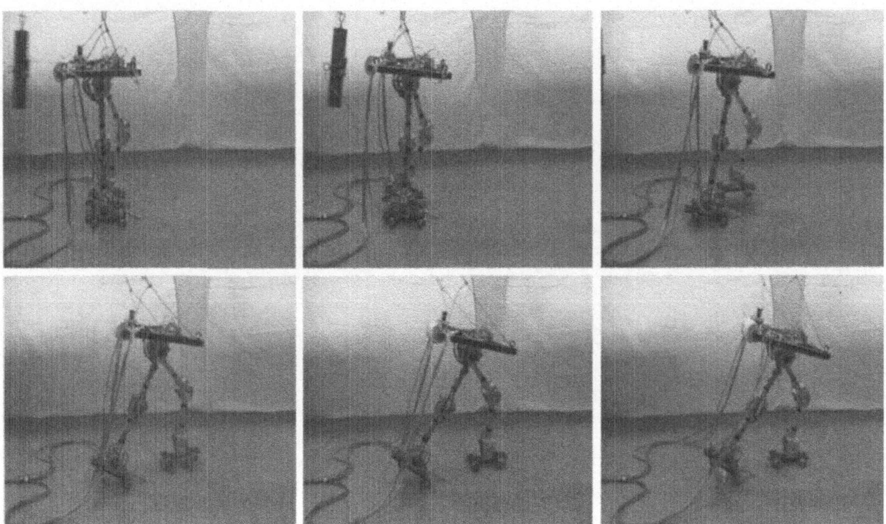

Abb. 6. Sequenz eines Ausfallschritts bei einem eingeleiteten Impuls von 7 kg m/s gegen den stehenden Roboter. Die Schrittdauer beträgt etwa 0,5 s.

Das bei der Optimierung der Schritt-Trajektorie betrachtete Zwei-Massen-Modell und ein typischer Ausfallschritt sind in Abbildung 4 zu sehen. Die Bahn liegt in Umweltkoordinaten in der Form

$$x_F(t) = a_1 t \quad \text{und} \quad y_F(t) = 5\,\mathrm{cm} + b_1 t + b_2 t^2$$

vor. Für die Vorgabe der x-Koordinate hat sich ein Polynom ersten Grades als ausreichend herausgestellt. Bei der Bahnplanung hat sich gezeigt, dass die optimalen Trajektorien für unterschiedlich starke Stoßimpulse einen nahezu identischen Verlauf aufweisen. Der hauptsächliche Unterschied liegt in der Bahngeschwindigkeit mit der die Trajektorien abgefahren werden müssen (vgl. Abbildung 5). Diese Tatsache ermöglicht es, dass für alle denkbaren Stöße nur ein Schrittprofil im Mikrocontroller abgelegt werden braucht. Lediglich die Bahngeschwindigkeit ist dann entsprechend an den Roboterzustand zu adaptieren.

Neben dem Fallen des Roboters nach vorne ist bei der Trajektorienplanung des Ausfallschrittes auch die seitliche Stabilität zu berücksichtigen. Durch die eingeschränkte Bewegungsfreiheit der Beine mit je drei Freiheitsgraden, kann gegen ein seitliches Kippen nicht aktiv eingegriffen werden. Die einzige Möglichkeit besteht darin, das Aufsetzen des Fußes so sanft wie möglich zu gestalten, um so das seitliche Kippmoment beim Bodenkontakt zu minimieren. Günstig ist es dazu den Fuß mit der Ferse auf dem Boden aufzusetzen und den Knöchelregler im Aufprallmoment abzuschalten (vgl. Abbildung 6). Die durch den Bodenkontakt hervorgerufene Drehung des Knöchels bewirkt so eine Dämpfung des Aufpralls.

Es hat sich gezeigt, dass durch die starke Getriebeuntersetzung der verbauten Harmonic Drive Getriebe von 1:101 der Fuß sehr schwergängig ist und somit der Aufprall auf dem Boden noch sehr hart ausfällt. Eine Verbesserung erbrachte hier die gezielte Mitkopplung der durch den Bodenkontakt hervorgerufenen Fußdrehung. Neben dem Knöchelgelenk werden kurz vor dem Bodenkontakt auch die Regler für das Knie- und Hüftgelenk des schrittausführenden Beins sehr weich eingestellt. Durch das Einfedern ergibt sich eine weitere Reduktion der seitlichen Kippneigung.

5 Zusammenfassung und Ausblick

Die durchgeführten Untersuchungen sind Teilergebnisse eines von der DFG geförderten Forschungsprojektes. Sie haben ergeben, dass eine frühzeitige Erkennung und Beurteilung eines Stoßes gegen den Robotertorso und eine Sturzvermeidung durch einen reflexartigen Ausfallschritt möglich sind. Die Detektionszeit für einen Stoß liegt, in Abhängigkeit der eingesetzten Kriterien, zwischen 20 ms und maximal 80 ms.
Je nach Stoßstärke verbleiben dem Roboter dann etwa 0,5 s zum Abfahren des Schrittes. Die optimale Schritt-Trajektorie kann dabei offline berechnet werden. Beim Ausführen der Schrittreaktion ist lediglich die Bahngeschwindigkeit an den erkannten Stoß anzupassen.
Für weitere Untersuchungen ist es vorgesehen, den Roboter mit dem am Institut für Regelungstechnik entwickelten Gleichgewichtsorgan [SSAG03] auszustatten. Dadurch wird eine Verbesserung bei der Bestimmung des Roboterzustands erwartet. Es ist geplant, auch andere Störungen wie z.B. ein Stolpern oder Ausrutschen zu betrachten und auch hier mögliche Strategien für eine Fallvermeidung oder Schadenminimierung bei einem Sturz zu untersuchen.

Literaturverzeichnis

[Gos99] Goswami, Ambarish: *Foot rotation indicator (FRI) point: A new gait planning tool to evaluate postural stability of biped robots.* Proceedings of the 1999 IEEE International Conference on Robotics and Automation, 1999

[BPRL03] Bortolamin, S.B. ; P.DiZio ; Rabin, E. ; Lackner, J.R.: Analysis of human postural responses to recoverable falls. In: *Experimental Brain Research* Bd. 151, Springer, 2003, S. 387–404

[Alb02] Albert, Amos: *Intelligente Bahnplanung und Regelung für einen autonomen, zweibeinigen Roboter.* VDI Verlag, 2002

[Sch04] Schollmeyer, Michael: *Untersuchung von Verfahren zur Detektion von Haltungsinstabilitäten zweibeiniger Roboter.* Institut für Regelungstechnik,Universität Hannover, 2004

[SSAG03] Strasser, R. ; Seebode, M. ; Albert, A. ; Gerth, W.: Extrem kompaktes SoC-Konzept eines Gleichgewichtsorganes für einen Laufroboter. In: *Informatik aktuell - Verteilte Echtzeitsysteme*, Springer, 2003, S. 49–58

Der neue Modellierungsstandard UML 2: Besser geeignet für Eingebettete Systeme?

Andreas Korff

ARTiSAN Software Tools GmbH
Eupener Str. 135-137, D-50933 Köln
Andreas.Korff@artisansw.com

Zusammenfassung. Aufgrund der allgemeinen Anwendbarkeit als Modellierungsnotation für softwarelastige Systeme ist die Unified Modelling Language als Standard weit verbreitet. Auch für eingebettete Systeme ist sie geeignet, allerdings sorgen erst Erweiterungen wie das Profile for Schedulability, Performance and Time für die adäquate Erfassung aller notwendigen Informationen im Modell. Die Object Management Group hat dies erkannt und bringt nun mit der Version 2.0 eine in vielen Teilen verbesserte UML heraus. Ob diese Verbesserungen auch für eingebettete Systeme geeignet sind, soll dieser Vortrag zeigen.

1 Einleitung

In nur wenigen Jahren ist die Unified Modelling Language (UML) zum Standard bei Analyse, Design und Architektur von Software- und softwarelastigen Systemen geworden. Dabei wurden in der Sprachgeneration UML 1.x von der Object Management Group immer nur kleinere Änderungen von Version zu Version dieser Notation eingepflegt. Zudem wurden Profile wie das Profile for Schedulability, Performance and Time als Ergänzung des Sprachumfangs standardisiert, um die verschiedenen Domänen in ihren spezifischen Anforderungen des Sprachumfangs unterstützen zu können.

Mit der zu erwartenden Verabschiedung des neuen Standards UML 2.0 zum September 2004 wagt die OMG einen großen Schritt, denn die Änderungen im Vergleich zum „alten“, momentan noch gültigen Standard UML 1.5 sind groß: Neue Diagramme wie das Kompositionsstrukturdiagramm werden eingeführt, andere Diagramme wie das Aktivitäts- oder das Sequenzdiagramm erfahren zum Teil drastische Änderungen.

Im selben Maße wie die Objektorientierung sich von einem praktikablen Ansatz nur für die kommerzielle IT hin zu einem auch für Eingebettete Systeme passenden Konzept entwickelt, soll auch die UML mit der neuen Version UML 2 für die Systementwicklung die richtigen Notationen zur Verfügung stellen. Mit jetzt insgesamt 13 Diagrammarten für Struktur, Verhalten und Interaktion sollte das auch möglich sein. Aber: Da die UML bewusst als reine Notationsdefinition keinerlei

Vorgaben zur methodischen Anwendung gibt, ist dieser „Überfluss“ an grafischen Ausdrucksformen mit den Notwendigkeiten der üblichen Entwicklungsprojekte und –Verfahren für Eingebettete Systeme abzugleichen.

2 Sachstand der UML 1.x

Was macht die UML schon in der Version 1.x so erfolgreich? Im Anwendungsfalldiagramm Abb 1. werden die einzelnen Möglichkeiten und Eigeschaften als Funktionalitäten dargestellt:

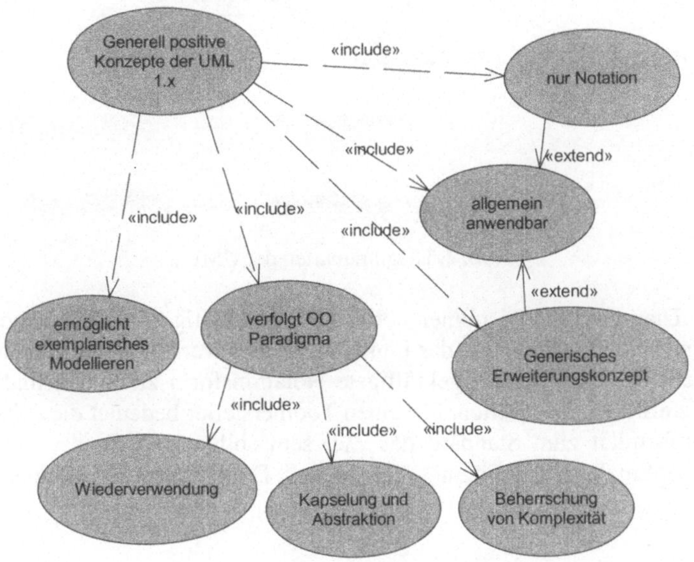

Abb. 1. Eigenschaften der UML

Die UML ist eine visuelle Modellierungssprache zur Visualisierung, Spezifikation, Konstruktion und Dokumentation von Artefakten eines softwarelastigen Systems. So beschreibt die UML Spezifikation 1.4 die Sprache selbst. Der Erfolg der UML lag in ihrer allgemeinen Anwendbarkeit, z.B. durch die Beschränkung auf die Festlegung der Notation, aber nicht der Methodik oder dem Entwicklungsprozess sowie auf der Möglichkeit, objektorientierte Strukturen in Analyse und Design nutzen zu können. Eine sehr beliebte Eigenschaft ist auch die Möglichkeit, in Szenarien exemplarisch zu modellieren, d.h. das Verhalten oder das Zusammenspiel von Objekten in einer bestimmten Situation beschreiben zu können und erst in anderen, weiteren Szenarien diese Sicht zu ergänzen.

Diese Eigenschaften werden nun durch eine Neuordnung und einer erweiterten Definition der UML Diagramme weiterentwickelt. Es gibt in der UML 2 insgesamt 13 Diagrammarten, die sich in 4 Diagrammfamilien unterteilen und die in ihrer Abhängigkeit in Abbildung 2, einem Klassendiagramm dargestellt sind.

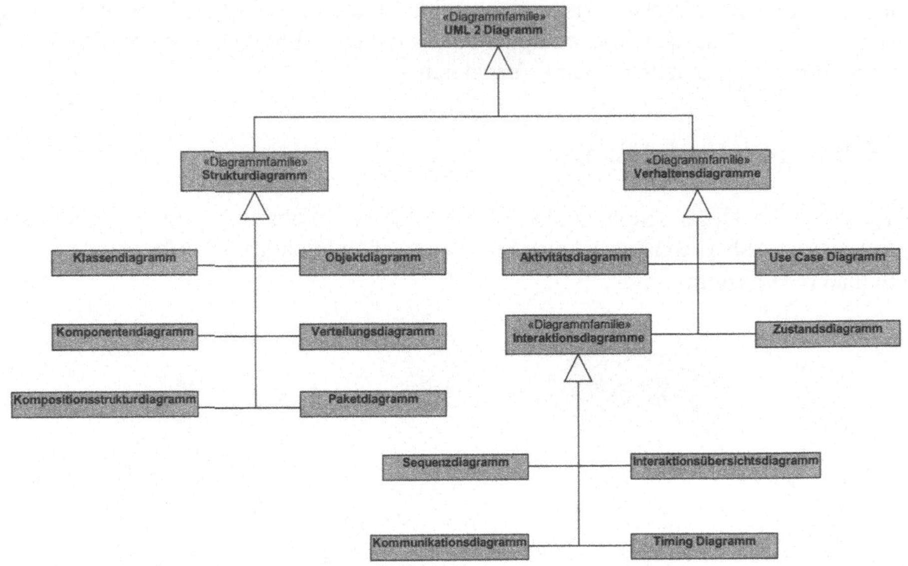

Abb. 2. Diagrammarten der UML 2

Nicht alle Diagramme sind immer nötig. Die reichhaltigen Notationsmöglichkeiten sollen kein Template darstellen, das immer ausgefüllt werden sollte, sondern sollen es ermöglichen, die jeweils aussagekräftigste Notationsform zu finden und mit dieser Perspektive effizient zu arbeiten. Für einen Toolhersteller bedeutet dies, dass nicht die blinde Konformität zum Standard das Ziel sein sollte, sondern der Fokus auf die möglichst optimale Unterstützung der in der Domäne seiner Kunden wichtigen Sichten.

3 Vorgaben der Systementwicklung für Eingebettete Systeme

Neben der funktionalen Sicht, die in UML Anwendungsfalldiagrammen nutzerzentriert dargestellt werden können, sind für Eingebettete Systeme weitere Sichten schon am Anfang einer Anforderungsanalyse sinnvoll:

Viele der neuen Elemente in der UML 2 haben ihre Wurzeln nicht so sehr in der objektorientierten Welt, sondern eher in strukturierter Analyse und Design. Da gerade Eingebettete Systeme nicht allein mit objektorientierten Sichtweisen, sondern auch mit strukturierten Ansätzen beschrieben werden, stellt dies eine sinnvolle Ergänzung dar. Ein großes System wie ein Fahrzeug ist so als ein System von Systemen darstellbar, mit der Möglichkeit, sich auf den jeweiligen Kontext (Fahrzeug, Teilfunktionälität, Steuergerät, Steuergeräte-Software) zu konzentrieren. Insofern stellt die Struktursicht in den Kompositionsstrukturdiagrammen die wichtigste Erweiterung der UML dar.

Eingebettete Systeme haben komplexe Abläufe, die durch die eindimensionalen Objektsequenzdiagramme der UML 1.x nur durch die intensive Nutzung von Use Case Beziehungen (<<Extend>> und <<Include>>) und eine nicht gerade der Übersichtlichkeit dienenden Menge verschiedener Szenarien adäquat dargestellt werden konnten. Alternativ war es möglich, die Objektsequenzdiagramme um Strukturierungsmöglichkeiten in Teilabläufe zu erweitern. Die UML 2 nimmt nun diese Idee auf und standardisiert sie.

4 Entwicklung der UML 2

Mitte 2001 begannen die Mitglieder der Object Management Group (OMG) die Arbeit an einer bedeutenden Erweiterung der UML, dem Versionssprung auf UML 2.0. Die Vorschläge zur UML 2.0 wurden dann als sog. „Adopted Technology" im Juni 2003 akzeptiert. Ab diesem Zeitpunkt versucht die Finalization Task Force (FTF) innerhalb der OMG die noch existierenden Unklarheiten und Fehler in der UML 2 Spezifikation zu beheben. Eine Veröffentlichung der Spezifikation wird jetzt für September 2004 erwartet.

Dabei spielen die verbesserte Skalierbarkeit und die Modellierung von Architekturen eine zentrale Rolle. Besonders die rekursive Dekomposition von Systemen in ihre Teilkomponenten sowohl aus struktureller Sicht (im erweiterten Klassenmodell) wie auch aus Verhaltenssicht ist jetzt möglich.

Die strukturelle Perspektive im UML Modell zeigt den geschachtelten Aufbau eines Systems aus Teilsystemen, und das in beliebiger Schachtelungstiefe. Dazu wurde das Kompositionsstrukturdiagramm neu in die UML aufgenommen.

Aus objektorientierter (Software-)Sicht ist beim Aufbau von Systemen aus Teilsystemen eine klare Definition der Schnittstellen notwendig. Zwar gab es auch schon in der UML 1.x den Begriff des Interfaces, aber die UML 2 erweitert die Modellierungsmöglichkeiten im Klassenmodell und –Diagramm sowie im Kompositionsstrukturdiagramm um die Begriffe „Ball" und „Socket", die für benötigte (required) oder zur Verfügung gestellte (provided) Interfaces stehen.

Die Modellierung von Verhalten hat ebenfalls eine grundsätzliche Erweiterung erfahren. Teilsequenzen können in Sequenzdiagrammen gebildet werden, miteinander strukturiert werden und auch referenziert werden.

5 Das Kompositionsstrukturdiagramm

Teil-Ganzes-Beziehungen sind nicht gänzlich neu in der UML. Diese waren als Aggregationen oder Kompositionen im Klassenmodell modellierbar und sind das auch natürlich weiterhin in der UML 2. Aggregationen sollen auf eine generelle Teil-Ganzes-Beziehung hinweisen, während Kompositionen (auch starke Aggregation genannt) eine gemeinsame Lebenszeit von Aggregat und Komponente darstellt.

Als Beispiel soll hier ein einfaches Ventil, z.B. für Flüssigkeiten, dienen. Dieses Ventil enthält je einen Ein- und Ausgang, zwei Anschlüsse für die Stromversorgung, einen Motor, der über eine ebenfalls enthaltene Sicherung gesichert wird. Abbildung 3 zeigt diese Beziehung im Klassenmodell:

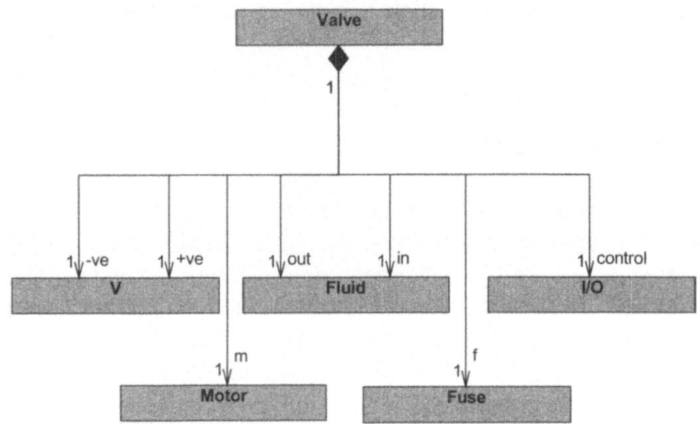

Abb. 3. Teil-Ganzes-Beziehung eines Ventils im Klassendiagramm

Die jeweiligen Objekte, die zur Laufzeit in der Software existieren, sind durch die auf den Kompositionen vermerkten Rollen zugreifbar.

Wenn ein Systementwickler sich ein Ventil und dessen Aufbau aus Teilkomponenten vorstellt, dann ist ihm diese softwarezentrierte Sicht fremd. Seiner Perspektive entspricht eher das Kompositionsstrukturdiagramm in Abbildung 4

Spezielle Erweiterungen der UML 1.x wie im Systemarchitekturmodell von ARTiSAN zeigen diesen Aufbau ähnlich, sind aber als grafische Stereotypisierung von UML 1.x Objektkollaborationsdiagrammen Teil der exemplarischen Modellierung. Somit ist ein direkter Bezug in das Klassenmodell nicht gegeben. Im Gegensatz dazu ist das Kompositionsstrukturdiagramm Teil des erweiterten Klassenmodells der UML 2. Somit ist es möglich, dass das Zeichnen des Kompositionsstrukturdiagramms wie in Abbildung 4 sofort die Klassen und ihre Beziehungen wie in Abbildung 3 erzeugt. Dieses Klassendiagramm wurde über die Populate-Funktion im UML-Tool befüllt, es wurden keine zusätzlichen Informationen modelliert.

Mit den Kompositionsstrukturdiagrammen ist es für Eingebettete Systeme besser möglich, den hierarchischen Aufbau eines Systems zu beschreiben und auch die Schnittstellen des Systems und seiner Teile zu bestimmen. Die Tiefe der Einbettung ist beliebig, wie beispielhaft in Abbildung 5 gezeigt . So ist es möglich, auch sehr große Systeme in einem Modell darzustellen und den jeweiligen Betrachtungskontext genau zu treffen.

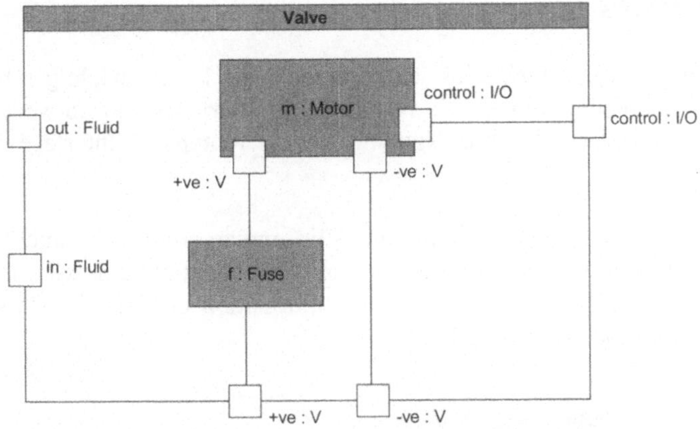

Abb. 4. Aufbau eines Ventils im Kompositionsstrukturdiagramm

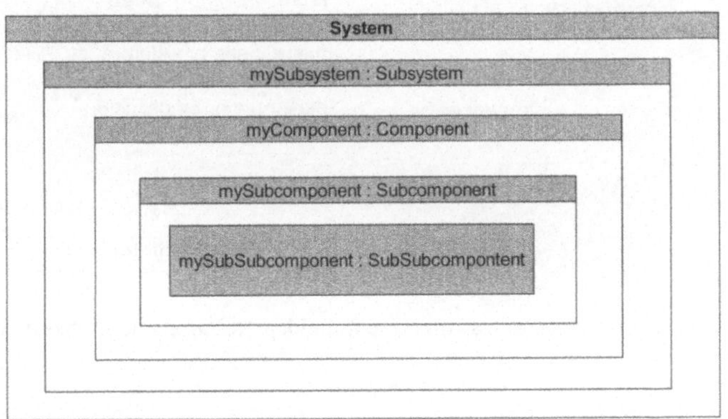

Abb. 5. Verschachtelte Systeme und Komponenten

Die neuen Notationselemente sind hier kurz beschrieben: Als Part bezeichnet die UML 2 einen Classifier innerhalb eines anderen Classifiers (Anmerkung: Classifier ist ein zentraler Begriff der UML und bedeutet eine Klassifikation von Instanzen, entspricht also einer Abstraktion des objektorientierten Klassenbegriffs). Ein Part entspricht einer Rolle oder eines Attributs innerhalb der Hierarchie von zusammengesetzten Teilen. Mit Parts ist die interne Strukturierung eines Kompositums darstellbar. Ports sind ebenfalls Teile des betreffenden Classifiers, die aber auch zur Interaktion mit anderen, äußeren Elementen dienen. Ihre Nutzung kann durch die Darstellung von benötigten und/oder bereitgestellten Interfaces präzisiert werden. Deren Darstellung mit sogenannten Cups und Lollipops entspricht der optionalen grafischen Ausprägung von Interfaces im etablierten Klassendiagramm. Die Verbindung von Ports und Parts wird im Kompositionsstrukturdiagramm durch Konnektoren dargestellt. Die enthaltende Instanz leitet die auftreffenden oder ausgehenden Informationen entland der Konnektoren weiter.

6 Interfaces

Die Darstellung von Interfaces war schon in der UML 1.x ein wichtiges Element zur Entkopplung von Teilsystemen. Die Notation der Interfaces war entweder die eines sogenannten Lollipops oder die Nutzung des Stereotyps <<Interface>> für eine Klasse.

Die UML 2 unterscheidet sowohl im Klassendiagramm wie auch im neuen Kompositionsstrukturdiagramm, wer das Interface benötigt und wer das Interface implementiert. Grundsätzlich ist auch diese Information in UML 1.x darstellbar, sie wird in UML 2 nur besser verdeutlicht.

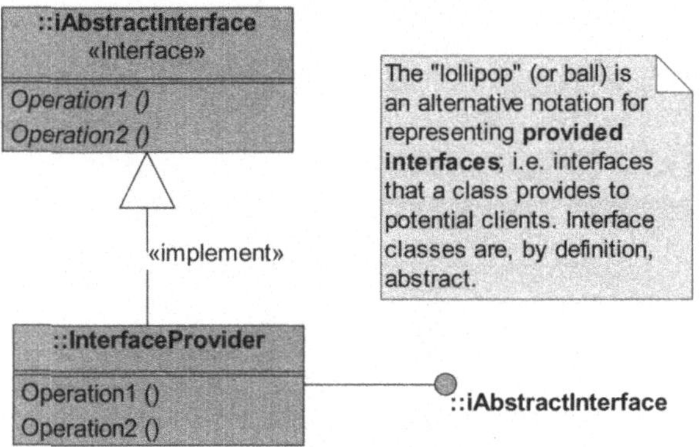

Abb. 6. Bereitgestelltes Interface in beiden Notationsmöglichkeiten

Die Abbildung 6 zeigt diese beiden Darstellungsformen. Die Klasse InterfaceProvider implementiert das (abstrakte) Interface iAbstractInterface, was entweder durch die Abstraktionsabhängigkeit oder durch die Ball-Notation zu ersehen ist.

In Abbildung 7 ist die Beziehung des benötigten Interfaces dargestellt. Dabei sind auch hier beide möglichen Notationsformen vermerkt: Die schon in UML 1.x bekannte Nutzung einer Abhängigkeit und die Form eines Cups (auch Sockets genannt).

Für Embedded Systeme sind die Schnittstellen extrem wichtig, z.B. von einem zum anderen Subsystem. Mit der neuen Notationsmöglichkeit ist noch klarer modellierbar, wer welche Information zur Verfügung stellt. Die neue Darstellungsform verdeutlicht auch das passende Zusammenspiel von benötigtem und bereitgestelltem Interface grafisch, siehe Abbildung 8.

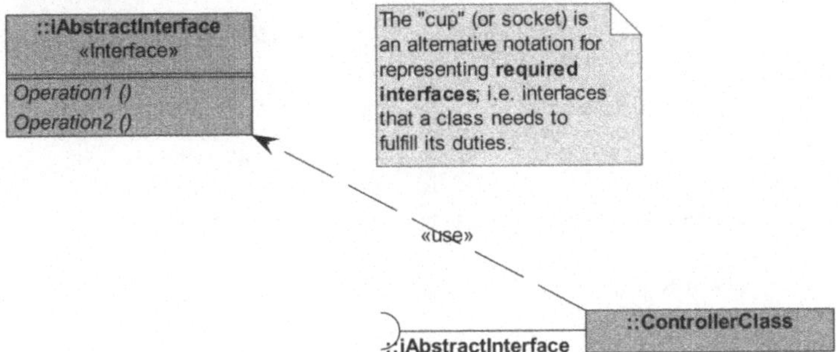

Abb. 7. Benötigtes Interface in beiden Notationsmöglichkeiten

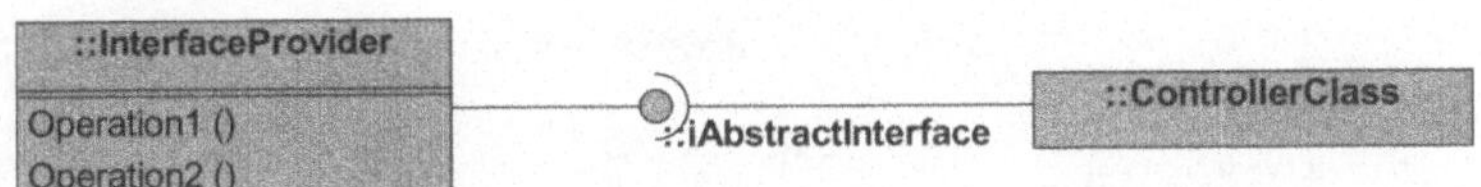

Abb. 8. Benötigtes und bereitgestelltes Interface in UML 2

7 Strukturierbare Sequenzdiagramme

Zur Darstellung von Abläufen haben sich insbesondere die Objektsequenzdiagramme in der UML 1.x etabliert. Für eingebettete Systeme, in denen meist ein komplexes Zusammenspiel der betreffenden Objekte für die einzelnen Anwendungsfälle der Fall ist, waren die Grenzen der Objektsequenzdiagramme schnell erreicht. So war es ohne passende Erweiterungen nicht möglich, Abläufe zu strukturieren. Dem Entwickler blieben lediglich die Möglichkeit, im Zusammenspiel mit dem Anwendungsfallmodell und den dortigen <<extend>> und <<include>>-Beziehungen komplexe Sequenzen zu beschreiben, auf Kosten einer schwierigen Nachvollziehbarkeit, weil die Betrachtungsperspektive beständig wechselte.

In der UML 2 ist die Strukturierung von Verhalten im Sequenzdiagramm selbst modellierbar. Dies geschieht einerseits durch die Referenzierung von anderen Sequenzdiagrammen oder Aktivitätsdiagrammen zur Darstellung von „Unter"-Verhalten. Hierzu dient die Möglichkeit, mittels „ref" eine Referenz sowohl im zeitlichen Ablauf wie auch bei Objekten, die an der Interaktion teilnehmen, zu setzen. Abbildung 9 zeigt beides.

Eine weitere notwendige Strukturierung betrifft die Sequenz selbst. Gerade bei eingebetteten Systemen sind Abläufe alternativ, interativ oder es müssen parallele Sequenzen betrachtet werden. Dazu gibt es in der UML 2 nun Rahmen, die solche Unterseqenzen darstellen sollen. Die Bedeutung der Rahmen ist in der oberen, linken Ecke dargestellt (z.B. alt, loop, par). Abbildung 10 enthält einige Beispiele dafür.

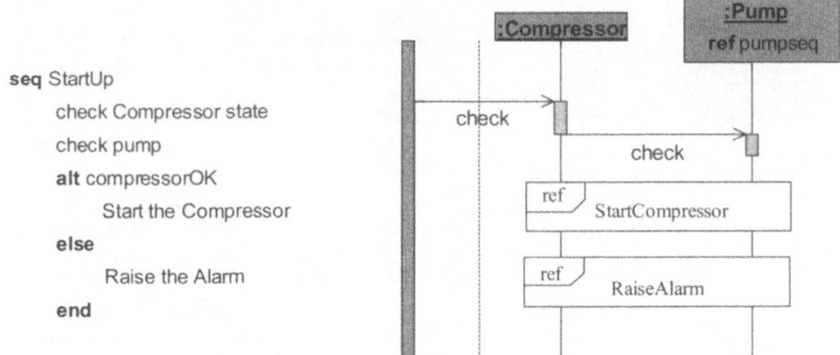

Abb. 9. Referenzen von Teilsequenzen im Sequenzdiagramm

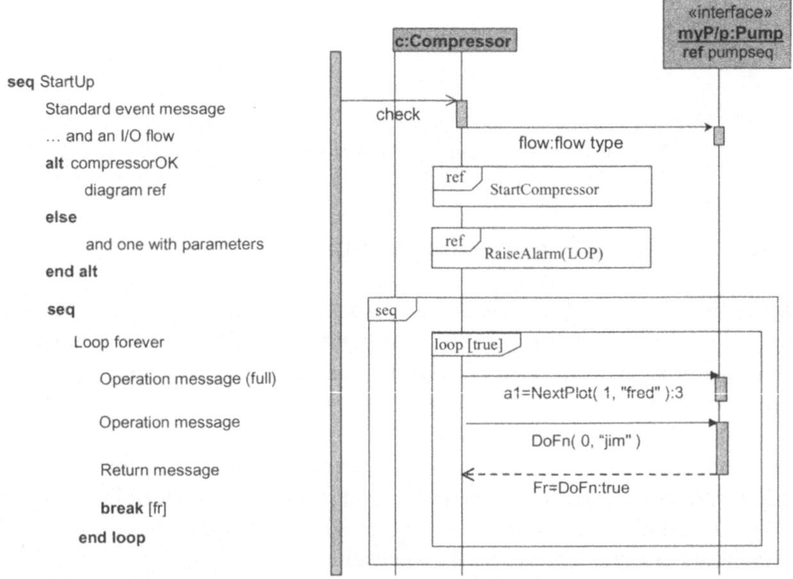

Abb. 10. Mit Teilsequenzrahmen strukturierter Ablauf im Sequenzdiagramm

8 Aktivitätsdiagramme

In der UML 1.x sind Aktivitätsdiagramme lediglich als Spezialfall von Zustandsdiagrammen definiert. Ihre Nutzbarkeit ist durch die mangelnde Semantik eingeschränkt. Durch die Erweiterungen der UML 2 ändert sich das Bild für diese Diagrammform dramatisch. Eine datenflussbasierte Semantik mit Tokenkonzept unterstützt nun gerade den Entwickler von eingebetteten Systemen, ist doch diese Ablaufdarstellung von Aktivitäten für ihn ein gängiges Bild. Es gibt nested swimlanes, strukturierte Knoten, Final Flow Symbole, die nur einen Ablauf, aber nicht die ganze Aktivität beenden und vieles mehr. Abbildung 11 zeigt die Nutzung des Final Flow Symbols.

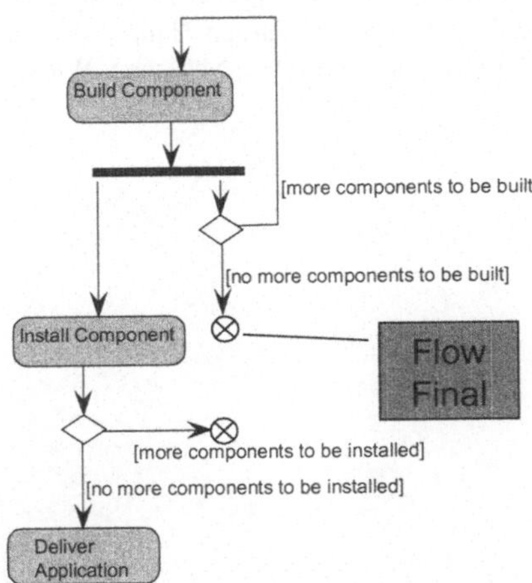

Abb. 11. Aktivitätsdiagramm mit Final Flow Symbolen

9 Ausblick

Während dieser Beitrag geschrieben wird, ist die UML 2.0 im Stadium als „Adopted Technology" und noch nicht offiziell verabschiedet. In der Finalisierungsphase sind eine Vielzahl von offenen Fragen durch die Finalization Task Force in der OMG zu lösen, so zum Beispiel ob spezifiziert werden kann, dass Ports eine Spezialisierung von Parts sind oder nicht. Die Übernahme von Sichten aus dem Systems Engineering wie in den Kompositionsstrukturdiagrammen läßt auch die Frage aufkommen, wie andere, noch nicht durch die UML 2 erfassten Sichten in einer Weiterentwicklung der Notation ebenfalls darstellbar sind. Dazu gehören z.B. zeitkontinuierliche Systeme oder die Möglichkeit, Anforderungen zu modellieren anstelle sie nur textuell zu erfassen. Innerhalb der OMG gibt es dazu seit März 2003 ein Request for Proposal: UML for Systems Engineering Request for Proposal (RFP). ARTiSAN gehört den SysML Partners an. Diese Weiterentwicklung wird sowohl von der Systems Engineering Domain Special Interest Group innerhalb der OMG wie auch vom International Council on Systems Engineering (INCOSE) verfolgt.

Literaturliste

[UML03_1] Object Management Group, Unified Modeling Language: Superstructure, version 2.0, Final Adopted Specification, ptc/03-08-02

[UML03_2] Object Management Group, Unified Modeling Language (UML) Specification: Infrastructure, version 2.0, ptc/03-09-15

[UML03_3] Object Management Group, Unified Modeling Language Version 1.5, http://www.omg.org/cgi-bin/doc?formal/03-03-01

[UML03_3] UML® Profile for Schedulability, Performance, and Time, version 1.0, http://www.omg.org/cgi-bin/doc?formal/2003-09-01

[ART] ARTiSAN Real-time Perspective (RTP), http://www.artisansw.com/RtPprocess/RtPstart.asp

[UML2] Mario Jeckle, Chris Rupp, Jürgen Hahn, Barbara Zengler, Stefan Queins, UML 2 glasklar, Hanser Verlag, München, Wien, 2004

Automatisierte Modellkopplung heterogener eingebetteter Systeme

Clemens Reichmann, Philipp Graf und Klaus D. Müller-Glaser

Institut für Technik der Informationsverarbeitung, Universität Karlsruhe (TH), Engesserstr. 5, 76131 Karlsruhe

Zusammenfassung. Heterogene eingebettete elektronische Systeme unterliegen harten Anforderungen insbesondere bezüglich Kosten, Time-to-Market, und Qualität, bei gleichzeitig immer komplexer werdendem Entwurfsraum. Eine mögliche Antwort auf dieser Herausforderung ist der modellbasierte Entwurf mit anschließender Quellcodegenerierung. Bei der effizienten Modellierung eingebetteter elektronischer Systeme kommen mehrere Sprachen zum Einsatz, welche eine vollständige Modellierung ermöglichen. Es werden dabei mehrere CASE-Werkzeuge eingesetzt, wie z.B. MathWorks MATLAB/Simulink, ARTiSAN Real-time-Studio oder i-Logix Statemate. Dieser Beitrag konzentriert sich auf die Kopplung der in verschiedenen Notationen entwickelten Modelle. Dies geschieht mit Hilfe eines Kopplungsmodells, welches aus einem UML Vorlagenmodell generiert wird. Der vorgestellte Ansatz ist in der Integrationsplattform GeneralStore, welche die CASE Werkzeuge integriert und ein MOF[1]-Repository zur Modellverwaltung hat, implementiert.

1 Einleitung

Kosten, Time-to-Market und Qualität stehen im Konflikt mit steigender Entwurfskomplexität. Diese hat die Ursache in wachsender Funktionalität, einem immer größer werdenden Entwurfsraum, Vernetzung von Steuergeräten, Verlustleistungsoptimierungen und Anforderungen bezüglich der Performance.

Deutlich ist der Trend zu beobachten, verstärkt auf standardisierte Hardware zu setzen und dafür mehr und mehr Funktionalität in Software zu realisieren. Standardisierte Hardware baut dabei auf Plattformen mit Mikrokontrollern (MIC), digitalen Signalprozessoren (DSP) und (re-)konfigurierbaren Bausteinen (FPGA) auf und löst die anwendungsspezifische integrierte Schaltung (ASIC) in diesem Bereich weitgehend ab. Im Automobil werden derzeit bis zu 80 Steuergeräte (ECU) über Bussysteme vernetzt, im Airbus A380 sind über 1.000 FPGA's verbaut.

Deutlich ist der Trend weg von Hardware hin zu von Software dominierten Systemen zu beobachten. Solche heterogenen eingebetteten elektronischen Systeme implementieren Anwendungen im Bereich der Messtechnik, Steuerungstechnik und Regelungstechnik. Anwendungen sind in der Automobilindustrie,

[1] MOF: Meta Object Facility [4]

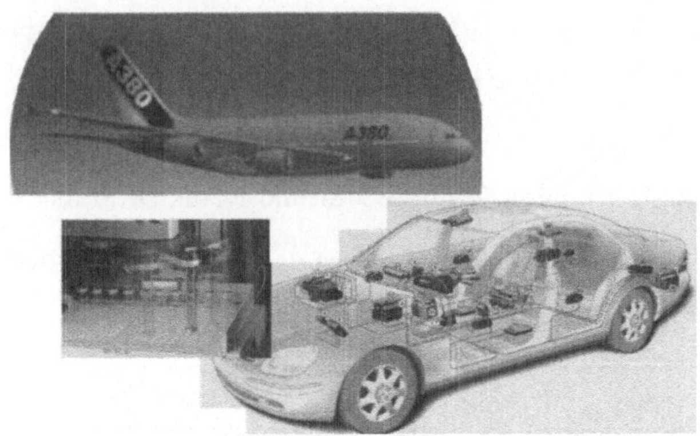

Abb. 1. Beispiele für Eingebettete Systeme: Auto, Flugzeug und Automatisierungstechnik

der Automatisierungstechnik, der Medizintechnik aber auch im Infotainment zu lokalisieren.

Der Entwurf von komplexen softwareintensiven Systemen ist eine schwierige Entwicklungsaufgabe. Eine mögliche Antwort zur Beherrschung ist der modellbasierte Entwurf. Hierbei wird vom System mit Hilfe von Modellen abstrahiert. Diese Modelle werden immer weiter bis hin zu einem Implementierungsmodell verfeinert, welches alle Details zur Quellcodegenerierung enthält. Zur Modellierung werden CASE[2]-Werkzeuge eingesetzt. Diese erlauben den Entwurf in einer spezialisierten Modellierungssprache, d.h. in einer Notation. Eine vollständige Entwicklung ist jedoch nur mit mehreren Werkzeugen möglich. Dabei stellt sich die Aufgabe der Werkzeugintegration, da sich die Teilmodelle überdecken und kommunizieren müssen.

Die am ITIV entwickelte Integrationsplattform GeneralStore löst diese Aufgaben. Die von uns identifizierten Notationen sind in Abb. 2 dargestellt. Reglungstechnische Entwurfsaufgaben werden mit Hilfe von Blockdiagrammen und Datenflussdiagrammen wie sie in MathWorks MATLAB/Simulink, ETAS ASCET-SD oder National Instruments MatrixX in CASE Werkzeugen umgesetzt sind, modelliert. Reaktive Systemteile können effizient mit Statecharts (hierarchischen parallelen Zustandsautomaten) modelliert werden. Werkzeuge in diesem Umfeld sind i-Logix Statemate, Rhapsody in C/C++/JAVA und MathWorks MATLAB/Stateflow. Für Software-intensive Systemteile ist die Unified Modelling Language UML verbreitet. Diese stellt eine ganze Palette an Notationen zur Verfügung.

Im vorliegenden Beitrag gehen wir vor allem auf die Kopplungsaufgabe ein, bei der die in verschiedenen Werkzeugen entwickelten Modelle miteinander in Beziehung stehen. Dies reicht von einer Kommunikation auf dem gleichen Steuergerät über ein Betriebsystem oder einfach über einen gemeinsamen Speicherbe-

[2] CASE: Computer Aided Systems/Software Engineering

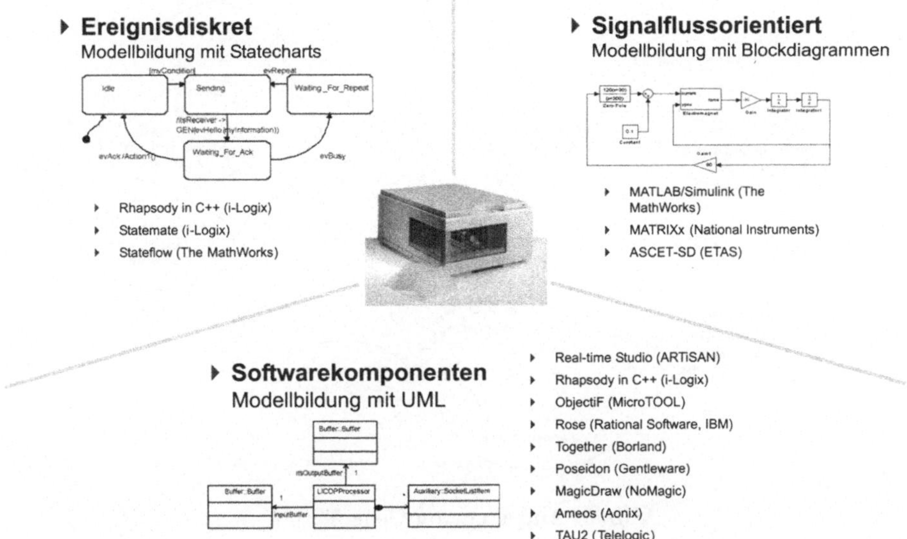

Abb. 2. Betrachtete Modellierungsnotationen und Werkzeuge

reich bis hin zu Buskommunikationen über CAN[3] und das Verteilen der Anwendungen auf mehrere Steuergeräte. Die Kopplung wird als Modell entwickelt. Die gekoppelten Modelle werden anschließend vollständig mit kommerziellen Quellcodegeneratoren in die Zielsprache überführt, sodass die fehleranfällige und wartungsintensive Kopplung in Form von manuellem Quellcode entfällt. Durch die Quellcodegenerierung wird für das Zielsystem die Implementierung erzeugt.

Der Beitrag gliedert sich im Weiteren wie folgt: Zunächst wird in Abschnitt 2 ein Überblick über die Integrationsplattform GeneralStore gegeben. Darauf aufbauend motivieren wir die Kopplungsaufgabe und beschreiben unsere Lösung in Abschnitt 3. Abschnitt 4 erläutert den Kopplungsmechanismus noch einmal anhand eines Beispiels. Der Beitrag schließt mit einer Zusammenfassung und dem Ausblick auf weitere Arbeiten.

2 GeneralStore

Die Integrationsplattform GeneralStore ermöglicht einen durchgängigen Entwurfsprozess vom Modell zum ausführbaren Code für eingebettete elektronische Systeme. Sie bietet Verwaltung und Kopplung von Modellteilen aus unterschiedlichen Modellierungs-Domänen auf Modellebene. Aus dem gekoppelten Modell kann durch automatische Codegenerierung ein Prototyp oder Seriencode erstellt werden. GeneralStore wurde bereits in vorhergehenden Veröffentlichungen vorgestellt [7][8], dieser Abschnitt gibt jedoch eine kurze Vorstellung der Möglichkeiten, um das Umfeld der Modellkopplung zu umreißen.

[3] CAN: Controller Area Network

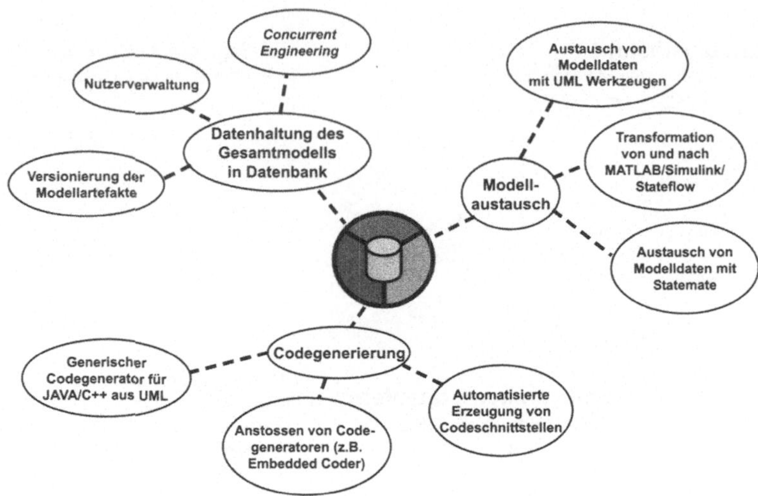

Abb. 3. Aufgaben von GeneralStore

Abb. 3 zeigt die grundlegenden Merkmale. Dabei werden zahlreiche Modellierungswerkzeuge unterstützt:

- Softwaremodellierung mit der Unified Modeling Language (UML): Austausch von Modelldaten über eine an zahlreiche CASE-Werkzeuge angepasste XMI-Schnittstelle.
- Ereignisdiskrete Modellierung: Austausch von Modelldaten mit i-Logix Statemate und Mathworks Stateflow.
- Signalfluss: Verwaltung von Modelldaten aus Mathworks MATLAB/ Simulink durch bidirektionale Transformation in das UML-Metamodell.

Im Bereich der Modellverwaltung geschieht die Speicherung des Modells auf Basis der standardisierten UML-Metamodells, derzeit in der Version 1.5 [5]. Die Datenhaltung des gesamten Modells erfolgt dabei zentralisiert. Das heißt, dass die Modellierungsdaten nicht aus zahlreichen einzelnen Dateien bestehen, sondern in einer zentralen Datenbank abgelegt sind. Als Treiber sind derzeit Adapter für MySQL und Oracle implementiert.

Teile des Modells können von Entwicklern gesperrt und zur Bearbeitung in einem für das entsprechende Werkzeug geeignetes Dateiformat geschrieben werden (*check-out*). Das Teilmodell kann mit Hilfe des CASE-Werkzeugs bearbeitet werden. Die Änderungen werden schließlich wieder durch ein *check-in* mit dem Gesamtmodell zusammengeführt. Die Modellverwaltung protokolliert dabei alle Veränderungen des Modells und bietet eine Versionsverwaltung, welche Einsicht in und Rückkehr zu älteren Versionen bietet. Zusammen mit der Nutzerverwaltung wird hierdurch *„Concurrent Engineering“* möglich.

Ausgehend vom Modell bietet GeneralStore die Möglichkeit ausführbare Prototypen aus dem heterogen modellierten System zu generieren. Dabei wird wo möglich auf kommerzielle Codegeneratoren zurückgegriffen. Dies gilt insbesondere für ereignisdiskrete und signalflußbasierte Systemteile, es werden Mathworks Embedded Coder und i-Logix Rhapsody in MicroC unterstützt. Da UML-Werkzeuge im Allgemeinen nur ein Codeskelett aus Klassenmodellen generieren können, erfolgt die Erzeugung von Quelltext aus dem UML-Modell durch ein eigenes templategesteuertes Plug-In, welches strukturelle und Verhaltensaspekte von UML-Modellen in Code umsetzt. Die Verhaltensspezifikation einzelner Methoden erfolgt mit Hilfe einer an Java angelehnten Modellierungssprache, aus der anschliessend C++/C/Java-Code generiert wird.

Auch wenn für Modellteile unterschiedlicher Notatationen Code generiert wurde, stehen diese zunächst isoliert da. Unser Konzept zur Kopplung der Teilmodelle ist Schwerpunkt der folgenden Ausführungen.

3 Modellkopplung

Will man zwei Systemteile eines Softwaresystems verbinden, kann zwischen *Blackbox-* und *Whitebox-*Integration unterschieden werdern [3]. Bei der *Blackbox-*Integration wird das zu integrierende Modell durch seine Schnittstellen beschrieben und in das Modell eingefügt. Dabei hat man keine näheren Informationen bzw. Sichten in das Innere des zu integrierenden Systems. Man bezeichnet dies auch als „Quellcode-Include", da häufig das zu integrierende System in den Quellcode transformiert wird und dann als solches eingebunden wird (z.B. als *S-function* in MATLAB/Simulink). Im Gegensatz dazu werden bei der Whitebox-Integration alle Details des Inneren und das Schnittstellenverhaltens im Modell sichtbar. Dies ermöglicht ein besseres Verständnis für das zu integrierende Modell.

Eine andere Unterscheidung kann man bezüglich der Kopplungstechnologie vornehmen. Dabei unterscheidet man Simulationskopplung, Quellcodekopplung und Modellkopplung. Bei der Simulationskopplung werden die Modelle in den Entwicklungswerkzeugen co-simuliert [1]. Es werden die Simulatoren der Werkzeuge verwendet, die im engeren Sinne die Ausführungssemantik vorgeben. Damit kann man das Modell funktional verifizieren. Allerdings sind Aussagen über das Laufzeitverhalten des gekoppelten Modells schwierig zu realisieren. Implementiert man die Software auf dem Zielsystem, müssen die Modelle dort gekoppelt werden. Dabei wird häufig die Quellcodekopplung angewendet. Dazu wird manuell Quellcode implementiert, der den generierten Code der Teilmodelle miteinander verbindet. Problematisch ist hier insbesondere die Stabilität im Bezug auf Wartbarkeit und Fehleranfälligkeit, falls Modelle später geändert werden. Verfolgt man einen Rapid Prototyping Ansatz ([2]) können erhebliche Probleme auftreten, da die Integration einfach und schnell erfolgen muss. Eine weitere Alternative, welche im Folgenden weiter beschrieben wird, ist die Modellkopplung.

Bei der Modellkopplung wird die Kommunikation innerhalb eines so genannten Kopplungsmodells modelliert und wie die zu koppelnden Modelle mit einem Quellcodegenerator in die Zielsprache transformiert. Vorteil hierbei ist insbesondere die gute Wartbarkeit. Desweiteren ist kein manueller Quellcode für die

Kopplung zu implementieren, auch kann das Kopplungsmodell durch den Entwickler oder mit Hilfe von *Model-Checkern* analysiert werden.

Der hier vorgestellte, in Abb. 4 skizzierte Ansatz geht noch weiter, indem er Vorlagen für das Kopplungsmodell, genauer gesagt Vorlagen für Kopplungsarten, erlaubt. In einem mit Hilfe der UML spezifizierten Kopplungsvorlagenmodell wird der UML-Templatemechanismus verwendet, um für jede benötigte Art der Kopplung eine Lösung anzubieten (Abb. 5 links). Dabei können Vorlagenparameter angegeben werden, die mit Hilfe des Generators ersetzt werden. Das eigentliche Kopplungsmodell wird dann automatisch aus dem Kopplungsvorlagenmodell generiert. Die Daten in Form des Parametermodells werden als XMI[4]-Datei automatisiert bereitgestellt. In GeneralStore gibt es dazu ein *Wrapper-Plugin*, welches das zu integrierende Modell und dessen mit Hilfe eines kommerziellen Quellcodegenerators erhaltene Implementierung analysiert und die relevanten Kopplungsdaten in einer XMI-Datei, dem Parametermodell, dem Generator zur Verfügung stellt. Diese enthält unter anderem Angaben über Schnittstellenname, die Symbol-zu-Implementierungsnamen-Beziehung, Implementierungsdatentyp und Kardinalität.

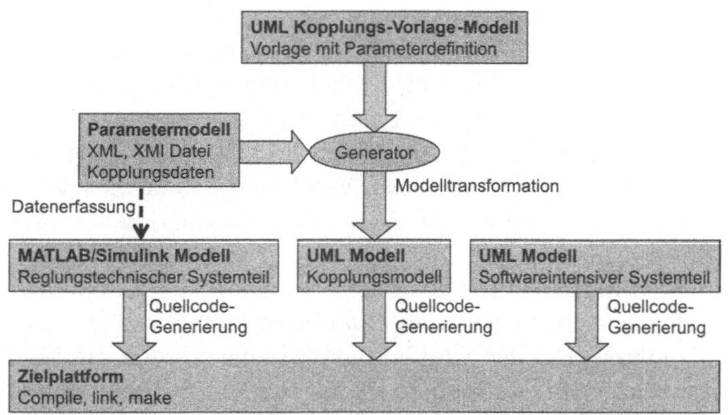

Abb. 4. Architektur der Kopplungsgenerierung

Die Schnittstellen müssen beispielsweise im MATLAB/Simulink Modell durch den Modellierer explizit (Eigenschaft: `exported global`) definiert werden. In der Praxis hat sich gezeigt, dass nur ganz bestimmte Schnittstellen nach außen bestehen sollen, welche der Entwickler definieren muss. In unserem Ansatz ist es jedoch prinzipiell möglich, auf alle Daten zuzugreifen. Generell kann man die Typen der Schnittstellen aus Blockdiagrammen und Statecharts wie folgt klassifizieren (siehe auch Abb. 5 rechts): Im Blockdiagram sind das Signale und Parameter bzw. globale Daten wie z.B. den Verstärkungsfaktor eines Reglers. In Statecharts müssen Ereignisse (engl. Event) ausgelöst bzw. empfangen werden.

[4] XML Metadata Interchange [6]

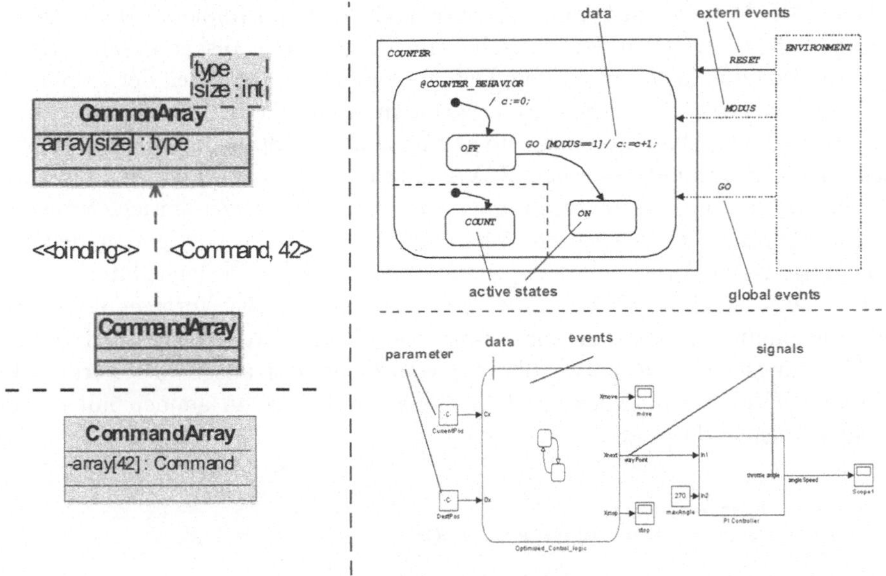

Abb. 5. UML Vorlagenmechanismus (links) und Schnittstellen(rechts)

Weiter sind in Statecharts globale Daten und Informationen über die gerade aktiven Zustände zu aquirieren.

Der UML Vorlagen-Mechanismus ist in der UML Spezifikation definiert [5]. Es ist möglich, typisierte Parameter als Platzhalter in Artefakten der UML anzugeben. Dies ist insbesondere für Klassen und Pakete vorgesehen. Damit kann z.B. der Typ eines Attributes einer Klasse variabel gestaltet werden. Dieser Mechanismus erlaubt es, verallgemeinerte unabhängige Modelle zu erstellen und diese später mit Hilfe der Parameterdaten zu spezialisieren. Für die hier betrachteten Kopplungsmodelle wird dies auf Klassen und Pakete angewendet. In Abb. 5 links ist im oberen Bereich eine Klasse `CommonArray` mit einem Attribut `array` modelliert. Die Klasse hat zwei Vorlagenparameter `type` und `size`, die im Attribut verwendet werden. Durch die Abhängigkeit mit dem Stereotypen `<<binding>>` wird die Klasse angegeben, die nach Anwendung der Vorlagendaten auf die Vorlagenparameter entstehen soll. Das Ergebnis ist im unteren Teil der Abbildung gezeigt.

Es ist möglich, dass aus einer Vorlagenklasse mehrere Klassen entstehen. Dabei muss sichergestellt werden, dass der Name der Vorlagenklasse ein Vorlagenparameter ist, der entsprechend variiert wird. Solche Vorlagendaten sind Listen. Auch kann es sein, dass ein Vorlagenparameter einer Liste entspricht. Es kann so aus einer Template-Operation, deren Name ein Vorlagenparameter ist, je nach Anzahl der Vorlagendaten entsprechend viele Operationen einer Klasse erzeugt werden.

Der UML Vorlagenmechanismus reicht nicht aus, um Implementierungsvorlagenmodelle zu erstellen. Strukturell kann das mit den bisher beschriebenen Eigenschaften durchgeführt werden. Das Implementierungsmodell der Kopplung muss aber darüber hinaus die Verhaltensbeschreibung in den Methoden enthalten. Die Verhaltensbeschreibung erfolgt mit Hilfe der Sprache MeDeLa [8], die stark an die Programmiersprache JAVA angelehnt ist und durch den Quellcodegenerator, der in GeneralStore implementiert ist, in eine Zielsprache transformiert werden kann. Die Verhaltensbeschreibung wird in den Vorlagen modelliert. Dabei müssen die Vorlagenparameter auch hier durch die Vorlagendaten ersetzt werden. Dies ist ein einfacher Ersetzungsalgorithmus. Bei Vorlagendaten mit einer Kardinalität größer eins muss über diese iteriert werden. Dazu sind weiter Steuerungsausdrücke notwendig, die vom Generator ausgeführt werden. In Abbildung (Kontrollausdrücke und MeDeLa) sind diese zusammen mit einem MeDeLa Beispiel dargestellt.

```
//#ifDef(_sfDataController)
_sfDataController := new SFDataController();
//#endIfDef

_parameter = new Vector();
MdlParameterWrapper aParam = null;

//#{
aParam = new _ParameterClassName_(_ParameterName_, String("_ParameterName_"),
                                  _ParameterArraySizeX_, _ParameterArraySizeY_);
_parameter.add(aParam);
//#}
```

Abb. 6. Kontrollausdrücke und MeDeLa

Der Generator wird auf ein ausgewähltes Paket innerhalb eines UML Vorlagenmodells angewendet. Dabei wird wie folgt vorgegangen:

1. Alle Modellartefakte, die keine Vorlagenparameter haben und nicht mit Artefakten, die Vorlagenparameter haben, in Beziehung stehen, werden kopiert.
2. Klassen (genauer *UML Classifier*), die Vorlagenparameter enthalten, werden erzeugt und die entsprechenden Vorlagendaten werden aus dem XMI Parametermodell eingefügt. Falls diese Daten eine Kardinalität größer eins haben führen diese gegebenenfalls zu mehreren neuen UML Classifiern.
3. Beziehungen wie z.B. Assoziationen (*UML Association*), Vererbung (*UML Generalisation*) und Abhängigkeiten (*UML Dependency*), welche mit der Vorlage verbunden sind, werden kopiert und mit den neu entstandenen Artefakten verbunden.
4. In der Verhaltensbeschreibung, die mit MeDeLa modelliert wird, werden die Vorlagenparameter ersetzt. Falls die Vorlagendaten eine Kardinalität größer eins aufweisen, wird mit Hilfe der in MeDeLa erweiterten Kontrollstrukturen (`//#{`, `//#}`) über diese Listen von Vorlagendaten iteriert.
5. Innerhalb der MeDeLa-Beschreibung kann man mit der Kontrollstruktur `/#ifDef` in Abhängigkeit eines in diesem Kontext vorhandenen Bezeichners

wie z.B. eines Attributes, MeDeLa-Beschreibungsfragmente einfügen. Dies kommt zur Anwendung falls nur Teile eines Kopplungsmodells erzeugt werden und regelt welche Strukturen verwendet werden sollen. Eine Kopplungsmodellvorlage kann z.B. für Parameter und Signale eine Kopplung vorsehen. In den zu koppelnden Modellen werden aber nur Parameter verwendet. Damit wird auch kein Kopplungsmodellteil für die Signale erzeugt. Die Verbindung ist aber auch mit Signalen vorgesehen und um diesen Konflikt zu lösen kann dieser Mechanismus angewendet werden.

6. Abhängigkeiten (*UML Dependency*) oder Assoziationen (*UML Associations*) mit dem Stereotyp `<<implicit>>` werden innerhalb von UML-Modellen verwendet, um diese besser verständlich zu machen. Solche Artefakte werden ignoriert.

Das Vorlagenmodell kann mit Hilfe von Schnittstellen (*UML Interface*), welche vom Generator ignoriert werden, die Kopplungspunkte verallgemeinern. Dadurch kann der Kopplungsmodellteil innerhalb des softwareintensiven, in UML modellierten Systemteils eingebunden werden, ohne dass der spezielle Kopplungsmodellteil existiert. An genau einer Stelle gibt es eine Überschneidung bei der Implementierungsklasse des Kopplungsteils, die instanziiert werden muss. Dies kann über eine Abhängigkeit (*UML Dependency*) geschehen.

4 Beispiel

Das Beispiel in Abb. 7 soll den beschriebenen Mechanismus erläutern. Es zeigt die Kommunikation zwischen einem mit MATLAB/Simulink modellierten Systemteil und einer in UML modellierten Anwendung. Es soll dabei ein Parameter im MATLAB Modell zur Programmlaufzeit verändert werden.

Im Paket `Amplifier` ist eine vereinfachte Darstellung des Simulink-Teilmodells, welches in Abb. 8 zu sehen ist. Im Paket `Application` wurde eine Klasse `MdlAmplifierAccessor` modelliert. Diese Klasse stellt die Schnittstelle im UML Modell zum Kopplungsmodell dar und besitzt eine Assoziation `uses` mit Stereotyp `<<implicit>>` zur Klasse `Gain.Block`, welche die Abstraktion des Objekts `"feedback".Gain.Block` im Paket Amplifier darstellt. Hiermit ist eine Kommunikation zwischen den beiden Klassen modelliert. Mit Hilfe der Abhängigkeit zwischen der Klasse `MdlAmplifierAccessor` und dem Objekt `"feedback".Gain.Block` wird ausgedrückt, dass genau dieses Objekt über die Association `uses` angesprochen werden soll. Auch die Abhängigkeit ist mit dem Stereotyp `<<implicit>>` versehen. Die Assoziation und die Abhängigkeit werden durch das Kopplungsmodell (im Beispiel das Paket `Wrapper`) realisiert. Die Klasse `MdlAmplifierAccessor` instanziiert über die Assoziation mit der Rolle `mdlAmplifier` den Kopplungssystemteil. Dieser ist durch die Schnittstelle `WrapperAccessor` abstrahiert. Diese drei Modellierungsschritte reichen aus, um den regelungstechnischen Systemteil mit Hilfe des Kopplungsmodells mit dem softwareintensive Systemteils zu verbinden.

Um das Kopplungsmodell (im Beispiel das Paket `AmplifierWrapper`) aus dem Kopplungsvorlagenmodell (im Beispiel `WrapperTemplate`) zu erzeu-

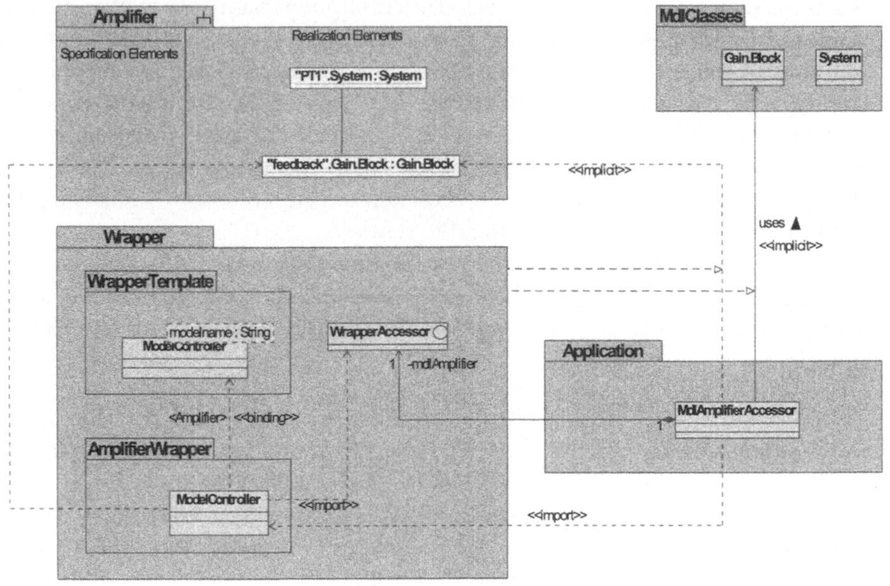

Abb. 7. Beispiel eines Kopplungsmodells

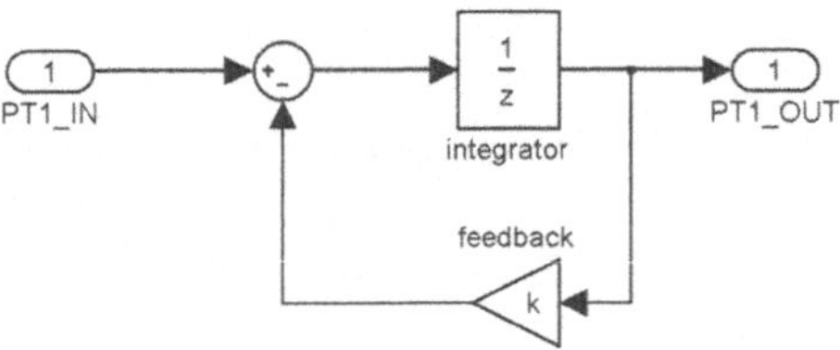

Abb. 8. MATLAB/Simulink Teilmodell

gen, wird mit Hilfe des Generators das Parametermodell auf das Kopplungsvorlagenmodell angewendet. Dabei entstehen Abhängigkeiten, z.B. von `MdlAmplifierAccessor` zu `ModelController` im Paket `AmplifierWrapper`. Diese war vor der Transformation mit `ModelController` im `WrapperTemplate`-Paket verbunden. Mit dieser Vorgehensweise kann die Transformation des Kopplungsvorlagenmodells direkt vor der Quellcodegeneration durchgeführt werden.

5 Zusammenfassung und Ausblick

Modellbasierte Entwicklung bildet ein wichtiger Ansatz, um die immer komplexeren Entwurfsaufgaben zu bewältigen, welche als Herausforderungen im Umfeld eingebetteter Systeme existieren. Es zeigt sich, dass für größere Systeme ein einzelnes Modellierungswerkzeug nicht ausreichend ist, um das Problem adäquat und effizient zu beschreiben. Neben der Werkzeugintegration und Modellverwaltung, welche von GeneralStore abgedeckt wird, ist die Frage der Kommunikation der Systemteile über Notationsgrenzen hinweg essentiell.

Wir schlagen hierzu einen modellbasierten Ansatz vor, welcher es erlaubt, auch den Kopplungsmechanismus modellbasiert, in unserem Fall mit Hilfe der UML, zu spezifizieren. Dies muss jedoch nur einmal für jedes Werkzeug geschehen, die tatsächliche Kopplung, die Generierung des *Wrapper*, kann automatisiert erstellt werden.

Unser Ansatz wurde erfolgreich implementiert. Es existieren Templatevorlagen für die Kopplung der UML sowohl mit aus MATLAB/Simulink/Stateflow generiertem Code als auch mit aus Statemate erzeugtem Quelltext. Wir konnten unseren Ansatz an dem beschriebenen einfachen Beispiel verifizieren, konnten jedoch auch ein komplexeres Projekt, die Software eines chemischen Analysegerätes, komplett modellbasiert und mit dem beschriebenen Kopplungsmechanismus erzeugen.

Als weiteren Schritt fassen wir eine Erweiterung auf die Kopplung im Umfeld des Hardware-/Software-Codesign ins Auge. Auch hier bestehen ähnliche Probleme, für die modellbasierte Ansätze eine Lösung bieten und auch hier stellt sich sehr schnell die Herausforderung einer transparenten und trotzdem flexiblen Kopplung der Systemteile.

Literaturverzeichnis

1. Bikker, Gert und Martin Schroeder: *Methodische Anforderungsanalyse und automatisierter Entwurf sicherheitsrelevanter Eisenbahnleitsysteme mit kooperierenden Werkzeugen.* VDI Verlag, Düsseldorf, 2002.
2. Burst, Andreas, Michael Wolff, Markus Kühl und Klaus D. Müller-Glaser: *Using CDIF for Concept-oriented Rapid Prototyping of Electronic Systems.* In: *Proceedings of the IEEE International Workshop on Rapid System Prototyping*, Leuven, Belgien, 1998.
3. Kaner, Cem, Jack Falk und Hung Q. Nquyen: *Testing Computer Software.* John Wiley & Sons Inc, 1999.
4. Object Management Group (OMG): *Meta Object Facility (MOF) Specification, Version 1.4*, 2001.
5. Object Management Group (OMG): *Unified Modeling Language (UML) Specification, Version 1.5*, 2003.
6. Object Management Group (OMG): *XML Metadata Interchange (XMI) Specification, Version 2.0*, 2003.
7. Reichmann, Clemens, Philipp Graf und Klaus D. Müller-Glaser: *Ein durchgängiger Ansatz vom Systementwurf zur Codegeneration auf Basis eines objektorientierten Modells für eingebettete heterogene Systeme.* atp - Automatisierungstechnische Praxis, 46(6):45–51, 2003.
8. Reichmann, Clemens, Markus Kühl, Philipp Graf und Klaus D. Müller-Glaser: *GeneralStore - A CASE-tool integration platform enabling model level coupling of heterogeneous designs for embedded electronic systems.* In: *Proceedings of the 11th IEEE International Conference on the Engineering of Computer-Based Systems*, Brno, Tschechische Republik, 2004. Springer.

Automotive Betriebssysteme

Wolfgang Schröder-Preikschat

Friedrich-Alexander-Universität Erlangen-Nürnberg
Lehrstuhl für Verteilte Systeme und Betriebssysteme
Martensstr. 1, 91058 Erlangen
`http://www4.informatik.uni-erlangen.de/~wosch`

Zusammenfassung. Ein bedeutender Marksektor für (tiefste) eingebettete Systeme ist die Automobilindustrie. Aus informatischer Sicht sind heutige Automobile eingebettete verteilte Systeme auf Rädern. Automobile mit über 80 vernetzten Steuergeräten sind bereits keine Seltenheit mehr. Derartige Gebilde sind ohne spezielle Systemsoftware nicht mehr betreibbar. Die weiter zunehmende Elektronifizierung von Fahrzeugen erfordert skalierbare Systemsoftware die einerseits maßgeschneidert auf gegebene und andererseits anpaßbar für zukünftige Anwendungsbereiche ist, wobei neben der Quantität auch der Diversität von Prozessoren pro Fahrzeug eine große Bedeutung zukommt. Die Arbeit behandelt exemplarisch Entwurf- und Implementierungsaspekte von Betriebssystemen im Kontext solcher eingebetteten Systeme.

1 Einleitung

Moderne Kraftfahrzeuge bilden höchst komplexe Systeme von Hard- und Software, sie sind aus informatischer Sicht betrachtet „verteilte Systeme auf Rädern“. Zur Regelung und Steuerung des mechatronischen Systems „Automobil“ kommt eine hohe Zahl verschiedenster Mikrocontroller zum Einsatz. Je nach Ausstattung und Funktion sind Kraftfahrzeuge mit über 80 solcher Spezialprozessoren bzw. Steuergeräte längst keine Utopie mehr.

Die Gesamtheit aller Steuergeräte bildet ein hochgradig vernetztes System auf Grundlage unterschiedlicher Bussysteme bzw. Kommunikationseinrichtungen. Das Netzwerk ist typischerweise problemorientiert partitioniert (Abb. 1). Unterschieden werden Subsysteme z. B. für Antrieb, Komfort, Infotainment, Armaturen und Diagnose. Eine weitere Unterteilung ergibt sich hinsichtlich der Betriebsart der Subsysteme: der Antriebsbereich etwa steht für harten Echtzeitbetrieb, wohingegen die anderen Bereiche lediglich festen oder gar nur schwachen Echtzeitbetrieb (wenn überhaupt) erfordern. Die mit einem solchen System gegebene Heterogenität von Hard- und Software hat unterschiedliche Dimensionen angenommen:

Prozessortechnologie. Die in den Steuergeräten vorhandenen Mikrocontroller sind von 8-, 16- und 32-Bit Technologie. Diese Spannbreite stellt u. a. große Herausforderungen an die Softwareentwicklung, insbesondere vor dem

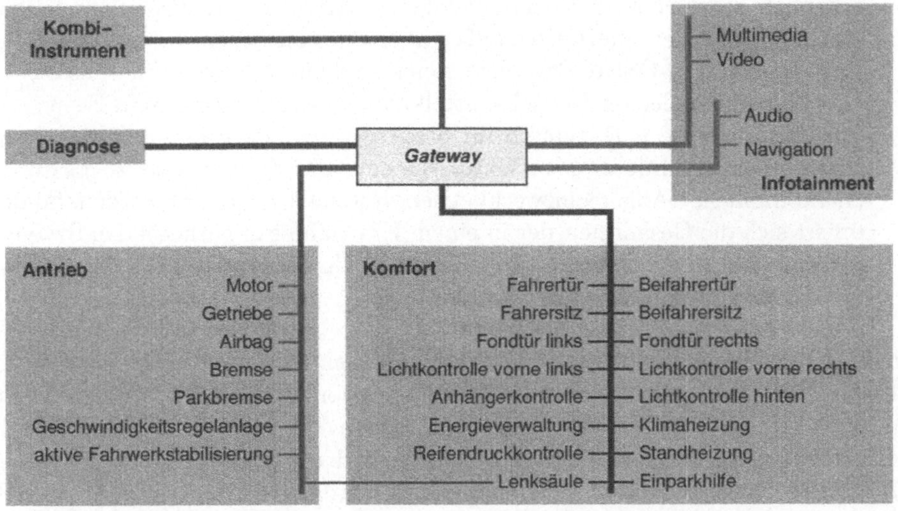

Abb. 1. Beispiel der Netzwerkstruktur innerhalb eines Automobils

Hintergrund der Wiederverwendbarkeit von Softwarekomponenten. Die Leistungsbandbreite hinsichtlich Geschwindigkeit und Speicherplatz kann unterschiedlicher nicht sein. Darüberhinaus kommt die Hardware von verschiedenen Herstellern und damit mit verschiedensten Befehlen und Befehlsformaten, Ein/Ausgabe- und Unterbrechungskonzepten und Entwicklungsumgebungen.

Netzwerkstruktur. Vorherrschend ist nach wie vor CAN-Technologie [1], die in unterschiedlichen Leistungsklassen (*low-speed*, *high-speed*) eingebaut wird. Als kostengünstigere Variante zur Verbindung intelligenter Sensoren und Aktoren kommt mehr und mehr LIN [2] zum Einsatz. Im Bereich Infotainment ist MOST-Technologie [3] anzutreffen. Desweiteren werden Automobilhersteller spezifische Technologien eingesetzt, wie z. B. die *byteflight*- bzw. SI-Bus-Technologie von BMW [4]. Eine zukünftige Alternative stellt *FlexRay* [5] dar. Zusammenfassend kann festgehalten werden, dass sich die Komplexität der Netzinfrastruktur moderner Kraftfahrzeuge mit der von herkömmlichen lokalen Netzen gut messen kann.

Softwarearchitektur. Hier muss unterschieden werden zwischen den Steuergeräten und den Zusatzgeräten insbesondere des Bereichs Infotainment (Audio, Video, Telefonie, usw.). In den Steuergeräten kommen durchgängig Spezialzweckbetriebssysteme zum Einsatz. Vorherrschend im Automobilsektor (europäischer Hersteller) sind OSEK-konforme Betriebssysteme. OSEK [6] definiert einen Betriebssystemstandard namhafter europäischer Automobilhersteller. Viele Zulieferer bieten Implementierungen dieses Standards an, die sich intern hinsichtlich ihrer nicht-funktionalen Eigenschaften zwar z. T.

erheblich unterscheiden (indem Prozessabläufe z. B. ereignis- oder zeitgesteuert [7] realisiert sind), nach außen aber eine einheitliche funktionale Sicht präsentieren. Die OSEK-Betriebssysteme sind zugeschnitten für Einsätze in Umgebungen äußerster Betriebsmittelknappheit (insbesondere in Bezug auf Speicher), wie sie z. B. typisch für Steuergeräte sind. Einen Kontrast dazu bildet etwa der Infotainmentsektor, in dem die Zusatzgeräte z. T. durch „herkömmliche" Allgemeinzweckbetriebssysteme kontrolliert werden. So definiert sich die Gesamtheit der in einem Kraftfahrzeug vorliegenden Systemsoftware als „Schmelztiegel" von Linux, QNX, VxWorks, iTRON, WindowsCE und OSEK-konformen Installationen.

In der Kraftfahrzeugindustrie ist der Anteil für Elektronik und Elektrotechnik an den Gesamtherstellungskosten eines Automobils von 8 % im Jahre 1965 auf heute ca. 35 % gestiegen [8]. Weitere Schätzungen besagen, dass innerhalb der Hard- und Software-Ausstattung eines Automobils die Kosten der Software zukünftig 38 % ausmachen, gegenüber 20 % heute. Dies würde einen Anteil von etwa 13 % an den Gesamtherstellungskosten ausmachen.

Der Umfang der Fahrzeug-Software wächst rasant, ist jedoch abhängig vom Hersteller, vom Modell und von der Ausstattung. Darüberhinaus lastet ein enormer Kostendruck auf diesen Industriezweig, der sich direkt z. B. in der zum Einsatz kommenden Prozessortechnologie niederschlägt. Dies verdeutlicht sich u. a. auch darin, dass im Jahre 2000 etwa 57.6 % aller weltweit hergestellten Prozessoren 8-Bit Technologie waren [9].[1] Mit den Steuergeräte-Stückzahlen pro Automobil und hochgerechnet mit den weltweiten Automobil-Stückzahlen jährlich (weit über 50 Millionen) ist die Kraftfahrzeugindustrie einer der Hauptabnehmer von Prozessortechnologie.

Der Kostendruck führt teilweise auch dazu, dass die zum Einsatz kommende Hardware nicht an der gegenwärtigen oberen Leistungsgrenze anzufinden ist. Allgemein gilt für den Bereich eingebetteter Systeme, dass die Prozessortechnologie typischerweise (mindestens) eine Generation zurückhängt [10]. Die Hardware für diesen Bereich besitzt im Regelfall mehr auf einem Chip integrierte Funktionseinheiten als für einen „nackten" Prozessor erforderlich sind. Dies treibt die Transistoranzahl nach oben und erfordert, sofern überhaupt verfügbar, den Einsatz aufwendigerer Herstellungsverfahren. Prozessortechnologie der Vorgängergeneration(en) kommt mit weniger Transistoren aus und lässt Spielraum für die zusätzlichen Funktionseinheiten — ist dafür jedoch auch weniger leistungsfähig. Ein typisches Beispiel für diese Situation ist der Mikrocontroller, unabhängig von 8-, 16- oder 32-Bit-Technologie.

Die Dimensionen der Heterogentität der IT-Infrastruktur moderner Kraftfahrzeuge machen eines der Hauptprobleme deutlich: Variabilität der Software. Nicht nur, dass die Kraftfahrzeug-Software mittlerweile sehr große Ausmaße angenommen hat, sie ist darüberhinaus von einer Vielfalt, die ohne spezielle Werkzeuge und Entwicklungsprozesse nicht mehr beherrscht werden kann. Das

[1] Eingebettete Systeme beanspruchten überhaupt 98.2 % der Gesamtproduktion für einen Markt, in dem z. B. Linux oder Windows ohne nennenswerte Bedeutung sind.

weitergehende Problem dabei ist, dass der Stand der Kunst in der Softwaretechnologie einerseits (noch) keine Patentlösungen anbietet und er andererseits auch (noch) nicht durchgängig in allen Entwicklungsbereichen der Kraftfahrzeugdomäne praktiziert wird.

2 Betriebssystemanforderungen

Ein Automobil definiert grob zwei Problemdomänen für Betriebssysteme. Dabei handelt es sich einerseits um den Infotainmentbereich (Audio, Video, Telefonie, Internet, aber auch Navigation), der Anforderungen zum Multimediabetrieb des Automobils vorgibt. Für diesen Betrieb kommen recht leistungsfähige Rechnersysteme (32-Bit Technologie) zum Einsatz, mit QNX und VxWorks als bevorzugte Betriebssysteme. Verschiedentlich sind hier auch Windows CE und Varianten von Linux anzufinden. Von den Betriebssystemen wird die adäquate Unterstützung von schwach echtzeitfähigen Anwendungsprogrammen verlangt.

Im Falle der anderen Problemdomäne handelt es sich um den „klassischen" Steuerungsbereich, der das Automobil als mechatronisches System versteht. In diesem Bereich ist zusätzlich fester und harter Echtzeitbetrieb gefordert, je nach Steuergerät bzw. zu kontrollierendem Objekt (wie z. B. Einspritzanlage, ABS, Airbag oder Fensterheber). Hier werden Echtzeitbetriebssysteme eingesetzt, die auch unter äußerster Betriebsmittelknappheit ihre Dienste für die Anwendungsprogramme verrichten können müssen. Weit verbreitet sind OSEK-kompatible Betriebssysteme. QNX und VxWorks sind in diesem Bereich nicht prominent vertreten, ganz zu schweigen von Windows CE oder (embedded) Linux.

Die nachfolgenden Ausführungen beziehen sich auf Anforderungen an Echtzeitbetriebssysteme für eben diesen Steuerungsbereich. Alleinstellungsmerkmale werden diskutiert, die typisch für „automotive Betriebssysteme" sind.

2.1 Prozesseinplanung

Grundlegend für den Echtzeitbetrieb ist, dass die u. a. vom Betriebssystem auszuführenden Arbeiten zeitlich determiniert sein müssen. Daraus leitet sich direkt die Forderung ab nach algorithmischen Verfahren mit konstantem Aufwand. Typische Fälle dafür sind beispielsweise die Signalisierung oder Einplanung (*scheduling*) von Prozessen und die Vergabe von Speicher. Sind konstant aufwändige Verfahren unmöglich bzw. nicht durchgängig praktikabel, so muss mindestens eine feste obere Grenze für die Ausführungszeit (*worst case execution time*, WCET) gegeben sein. Für jeden einzelnen Systemaufruf ist seine Ausführungslatenz anzugeben und als nicht-funktionale Eigenschaft in der Schnittstellenbeschreibung mit aufzunehmen.

Zunehmend an Bedeutung gewinnt ein Sachverhalt, der der Bestimmung der WCET ähnlich ist, sich jedoch auf den Energieverbrauch der ablaufenden Prozesse bezieht. Die Energieversorgung von Automobilen ist je nach Ausstattung eine z. T. sehr kritische Komponente. Die Vergabe von Betriebsmitteln an Prozesse muss verstärkt energiegewahr erfolgen, um Arbeitszeit und Lebensdauer der Batterie zu maximieren. Ist eine feste obere Grenze des Energiebedarfs (*worst case energy demand*, WCED) eines CPU-Stoßes bekannt und bietet der Prozessor Möglichkeiten der flexiblen Leistungssteuerung, so kann eine energiegewahre Prozesseinplanung die Senkung des Stromverbrauchs bei der Programmausführung zur Folge haben [11]. Hierzu sind ähnliche Analysetechniken erforderlich, wie sie auch zur Bestimmung der WCET Verwendung finden müssen.

2.2 Unterbrechungstransparenz

Asynchrone Programmunterbrechungen (*interrupts*) dienen der Signalisierung von externen Ereignissen, die z. B. Zustandsänderungen in der Umgebung anzeigen oder einem Zeitgebersignal entsprechen. Bei ereignisgesteuerten Systemen hat die Unterbrechung die Erzeugung des Echtzeitabbilds einer Echtzeitentität [12] zur Folge, um eine Zustandsänderung im zu kontrollierendem Objekt zu verfolgen. Bei zeitgesteuerten Systemen wird darüber die interne Zeitskala für die Abarbeitung von Prozessen eng mit der vorgegebenen externen Zeitskala der Umgebung synchronisiert.

Im Falle ereignisgesteuerter Systeme sind die durch die Unterbrechungen hervorgerufenen nebenläufigen Aktivitäten explizit zu koordinieren. Dabei birgt ein zeitweises Sperren der Unterbrechungen (*disable interrupts*) das Risiko in sich, Ereignisse zu verlieren und dadurch Zustandsänderungen eben nicht verfolgen zu können. Ideal sind daher Techniken, die asynchrone Programmunterbrechungen durchlässig erscheinen lassen und eine Unterbrechungstransparenz der Systemsoftware unterstützen [13].

In wie fern solche Sperrvorgänge jedoch kritisch in Bezug auf ein korrektes Verhalten des Gesamtsystems ist, hängt auch sehr stark von der Dynamik des zu kontrollierenden Objektes und der Frequenz der Zustandsänderungen ab. Bei hartem Echtzeitbetrieb ist Ereignisverlust nicht zu tolerieren. Weniger strikt verhält es sich bei festem bzw. weichem Echtzeitbetrieb, der einen gelegentlichen Verlust von Ereignissen zulässt. Das zu kontrollierende Objekt gibt die Art (weich, fest, hart) des Echtzeitbetriebs vor und damit auch die Anforderung (sperren tolierbar/nicht tolerierbar) an das Synchronisierungsverfahren. Entsprechend müssen Betriebssysteme für die jeweilige Problemdomäne maßgeschneiderte Lösungen zur Verfügung stellen.

2.3 Wiedereintrittsfähigkeit

Wiedereintritt bedeutet, dass ein Programm zu einem Zeitpunkt überlappt (im Falle von Monoprozessorsystemen) oder parallel (im Falle von Multiprozessorsystemen) in mehreren Inkarnationen aktiv sein kann. Um die korrekte Ausführung der anstehenden Arbeiten zu unterstützen, sind Programmzustände daher lokal in Bezug auf die jeweilige Inkarnation zu verwalten. Zur Unterstützung müssen Stapelkonzepte, eine ausgefeilte Entwurfs-/Implementierungstechnik wie auch spezielle Übersetzer Verwendung finden. Wo globale Programmzustände verwaltet werden müssen, ist für eine geeignete Koordination der Abläufe zu sorgen. Soweit anwendbar sollte dabei wartefreie Synchronisation [14] den Vorzug erhalten vor nicht-blockierender Synchronisation, die wiederum Techniken zur blockierenden Synchronisation ggf. vorzuziehen ist. Je nach Anwendungsfall müssen die Betriebssysteme mit den entsprechenden (nicht-funktionalen) Eigenschaften versehen sein.

Wiedereintrittsfähigkeit verhilft dazu, die Latenzen bis zur Ereignisbehandlung bzw. Arbeitseinplanung und/oder -abfertigung auf ein Minimum zu reduzieren. Unterbrechungstransparenz ist eine unterstützende Maßnahme dafür, Verdrängung (*preemption*) von Prozessen eine andere. Bezüglich des zuletzt genannten Punktes ist jedoch hervorzuheben, dass Wiedereintrittsfähigkeit eine volle bzw. durchgängige Verdrängbarkeit (*full preemption*) impliziert: die ereignisgesteuerte Prozessumschaltung muss jederzeit möglich sein. Ein Betriebssystemkern, der sich z. B. wie im Falle von UNIX oder Linux umfassend wie ein Monitor verhält und Verdrängung „großflächig" unterbindet, ist nur sehr schwach wiedereintrittsfähig und mit hohen Latenzen belastet.

2.4 Konzentration auf das Wesentliche

Betriebssysteme für (tiefste) eingebettete Systeme sollen nur jene Funktionen enthalten, die auch von dem jeweiligen Anwendungsfall verlangt werden. Diese Anforderung begründet sich in vielen eingebetteten Systemen gerade durch die z. T. nur in sehr knappen Umfang zur Verfügung stehenden Betriebsmittel (z. B. für Speicher und Energie). Überflüssige Software ist ein Luxus, der nur in eher seltenen Fällen akzeptiert wird. Automotive Betriebssysteme sind Spezialzweckbetriebssysteme, die anwendungsgewahre und speziell auf bestimmte Einsatzszenarien zugeschnittene Funktionen enthalten sollen.

Auch wenn sich die technologische Basis dahingehend verschieben sollte, dass zukünftig Rechnerbetriebsmittel nicht mehr in all zu spärlicher Form vorliegen, so ist dadurch noch längst nicht die Forderung nach minimalistischer Software aufgehoben. Ein anderes gewichtiges Argument für eine Konzentration auf die wesentlichen Funktionen, die ein Betriebssystem zu erbringen hat, ergibt sich allgemein in Hinblick auf die Korrektheit und Sicherheit (*safety*, *security*) der Software. Systeme, die nur die jeweils notwendigen Funktionen enthalten, sind vergleichsweise kleine Systeme und kleine Systeme sind einfache Systeme. Einfache Systeme wiederum sind verständlicher und leichter (formal) auf ihre Korrekheit hin zu überprüfen als komplexe Systeme. Darüberhinaus sind einfache Systeme effizient und besser erweiterbar. Gerade für sicherheitskritische eingebettete Systeme sind aus den Gründen „schlanke" und „federgewichtige" Softwarestrukturen von äußerst großer Relevanz.

Die Systemsoftware muss in jeder Beziehung leicht anpassbar sein, d. h., sie muss sich einerseits als erweiterbar und andererseits als „zusammenziehbar" erweisen. Diese an sich gegenläufigen Ziele werden erreicht, wenn die Software als Programmfamilie [15,16] ausgelegt ist. Innerhalb einer Programmfamilie wird zwischen den einzelnen Familienmitgliedern ein hohes Maß an Wiederverwendbarkeit ermöglicht, wohingegen nach außen jedes Familienmitglied ein auf spezielle Bedürfnisse hin maßgeschneidertes Softwareprodukt darstellt. Hochspezialisierte Varianten von Betriebssystemen koexistieren innerhalb einer Softwareproduktlinie, wobei automotive Betriebssysteme dann einen eigenen Stammbaum innerhalb der Familie begründen.

3 Fallbeispiel PURE

PURE [17] ist eine Betriebssystemfamilie für eingebettete Systeme. Familienmitglieder liegen als leichtgewichtige Bibliotheksbetriebssysteme vor, die zum Übersetzungs- und/oder Bindezeitpunkt in sehr feinkörniger Weise an die Erfordernisse der Anwendung angepasst werden können und so in ihrem Betriebsmittelverbrauch mit den Anforderungen skalieren. Dabei definiert PURE/OSEK [18] den Zweig der OSEK-kompatiblen Betriebssysteme der PURE-Familie

3.1 Entwicklungsprinzipien

PURE Betriebssysteme sind familienbasiert entworfen und (überwiegend) objektorientiert implementiert. Der Entwurf und die Implementierung der Systemsoftware ist dabei jeweils inkrementell ausgelegt. Ausgehend von einer minimalen Teilmenge von Systemfunktionen erfolgt die funktionale Anreicherung um minimale Systemerweiterungen in minimalen Schritten. Der Entwurfsprozess verläuft von unten nach oben (*bottom-up*), er wird jedoch von oben nach unten (*top-down*) gesteuert. Ergebnis des Entwurfs ist eine anwendungsgewahre Softwarestruktur, die im Kern auf eine große Anzahl für viele Anwendungsfälle wiederverwendbare Abstraktionen zurückgreift und an der Oberfläche hoch spezialisierte Funktionen zur Verfügung stellt.

Die dabei entstehende tiefe funktionale Hierarchie von Systemabstraktionen wird auf eine Klassenstruktur abgebildet und objektorientiert implementiert. Je nach Eignung kommt dabei Vererbung wie auch Komposition zur Hierarchiebildung zum Einsatz. Bei konsequenter Umsetzung entsteht eine Vielzahl hierarchisch angeordneter und sehr feinkörnig ausgelegter Funktionen bzw. Klassen. Große Bedeutung kommt bei diesem Ansatz einer Variantenverwaltung zu, die die Gemeinsamkeiten wie auch Unterschiede der Mitglieder einer Betriebssystemfamilie auf Basis funktionaler und nicht-funktionaler Eigenschaften erfasst. Diese Eigenschaften bilden letztlich die Merkmale (*features*) von Betriebssystemfunktionen. Unter Ausnutzung solcher Merkmale können dann für die jeweils vorgegebenen Anwendungsfälle passende Betriebssysteme aus vorgefertigten Bausteinen (semi-)automatisch zusammengestellt und konfiguriert werden [19,20].

3.2 Ergebnisse

PURE ist in C++ implementiert und wurde auf x86-, sparc-, alpha-, m68k-, ppc60x, C167-, AVR- und ARM-basierenden Plattformen portiert. Ein gutes Beispiel für die Feinkörnigkeit des Entwurfs gibt der Nukleus, der aus über 100 Klassen mit insgesamt mehr als 600 exportierten Methoden besteht. Jede dieser Klassen implementiert dabei einen abstrakten Datentyp. Der Nukleus selbst bildet eine „Unterfamilie" von PURE, die grob sechs Familienmitglieder nachfolgend genannter Eigenschaften umfasst:

interruptedly. Reaktive Ausführung von Aufgaben rein auf Basis von Unterbrechungsbehandlungsroutinen.

serialize. Unterbrechungstransparent synchronisierte, reaktive Ausführung von Aufgaben. Minimale Erweiterung von *interruptedly.*

exclusive. Ausschließlich durch ein (einfädiges) Anwendungsprogramm kontrolliertes System.

cooperative. Kooperative Ausführung von Aufgaben eines mehrfädigen Anwendungsprogramms. Minimale Erweiterung von *exclusive.*

non-preemptive. Kooperative Ausführung von Aufgaben eines mehrfädigen, Ereignisse verarbeitenden Anwendungsprogramms. Minimale Erweiterung von *cooperative* und *serialize.*

preemptive. Ereignisgesteuerte Ausführung von Aufgaben eines mehrfädigen Anwendungsprogramms. Minimale Erweiterung von *non-preemptive.*

Wie die Tabelle 1 zeigt, lassen sich trotz der hochmodularen Struktur des Nukleus sehr kleine und kompakte Systeme erzeugen [18]. Die Daten beziehen sich auf die x86-Portierung (übersetzt mit egcs 1.0.2).

Tabelle 1. Speicherverbrauch der Nukleusfamilie

Familienmitglied	Größe (in Bytes)			
	text	*data*	*bss*	gesamt
interrupedly	812	64	392	1268
serialize	1882	8	416	2306
exclusive	434	0	0	434
cooperative	1620	0	28	1648
non-preemptive	1671	0	28	1699
preemptive	3642	8	428	4062

Der Familienzweig für automotive Betriebssysteme entsteht durch die OSEK-Erweiterungen zum Nukleus. Dieser PURE-Zweig unterstützt die von einem OSEK-Betriebssystem erwarteten Konformitätsklassen und Einplanungsstrategien. Nicht unterstützt wird der erweiterte Fehlermodus. Anhand der vom OSEK-Konsortium definierten Konformitätstests wurde die volle Kompatibilität von PURE/OSEK zum OSEK-Standard bestätigt. Tabelle 2 zeigt einen Auszug der erzielten Ergebnisse. Beispielhaft sind die Ergebnisse der komplexesten OSEK-Konformitätsklasse ECC2 (Mehrfachaktivierung von Fäden, Ereignisverwaltung) dargestellt, in Abhängigkeit von verschiedenen Arten der Fadenkoordinierung. Im unteren Teil der Tabelle sind zum Vergleich erweiterte PURE-Funktionen gegenübergestellt. Abermals diente die x86-Portierung als Ausgangspunkt. Die Spalte für den Fadenwechsel listet die Anzahl der Taktzyklen, die der zu Grunde liegende Pentium II jeweils zum Kontextwechsel benötigte. Auch diese Ergebnisse demonstrieren, dass hochmodulare und erweiterungsfähige sowie portable und wartbare Systemsoftware keinesfalls im Widerspruch zu kompakten und effizienten Lösungen stehen muss.

Tabelle 2. Laufzeitergebnisse von PURE/OSEK

Einplanung	Synchronisation	*text*	*data*	Fadenwechsel
ECC2	Ereignismaske	2871	1052	94
	Semaphor	3351	1076	141
	handover	2095	1052	61
cooperative	Ereigniszähler	3242	2248	148
preemptive	Ereigniszähler	3674	2248	202

4 Zusammenfassung

Echtzeitbetriebssysteme liegen in einer für herkömmliche (nicht echtzeitfähige) Betriebssysteme geradezu undenkbaren Manigfaltigkeit vor. Wesentlichen Beitrag an dieser Situation haben die eingebetteten Systeme, die eine enorme Spezialisierung und Plattformabhängigkeit der Systemsoftware bedingen. Etwa die Hälfte aller im Jahr 2004 entstandenen „einbettbaren" Echtzeitbetriebssysteme sind proprietär und gehen nur als integraler Bestandteil eines eingebetteten Systems in den Markt. Die andere Hälfte teilen sich eine Vielzahl von Betriebssystemprodukten jenseits von Windows, UNIX, Linux oder MacOS. QNX oder VxWorks, als zwei sehr prominente Vertreter von kommerziell erfolgreichen Echtzeitbetriebssystemen, bilden dabei nur die Spitze des Eisbergs. Der Kraftfahrzeugbereich definiert dabei eine eigene Problemdomäne.

Alleinstellungsmerkmale funktionaler Natur finden sich bei der Einplanung von Prozessen, Verwaltung und Vergabe von Betriebsmitteln, Koordination nebenläufiger Aktivitäten, Unterbrechungstransparenz, Wiedereintrittsfähigkeit sowie Ablaufinvarianz der Systemsoftware. Für jedes dieser Themenkomplexe existieren unterschiedlichste Lösungsansätze, die ihre Bedeutung evtl. nur in sehr speziellen Anwendungsfällen besitzen. Kraftfahrzeuge im Großen und Steuergeräte im Kleinen geben solche Anwendungsfälle vor und die Systemsoftware muss den daraus erwachsenen Anforderungen entsprechen. Entwurf und Implementierung dieser Software muss die Wiederverwendbarkeit von Systemfunktionen fördern und gleichzeitig die Option zur Spezialisierbarkeit bieten. Programmfamilien, Objektorientierung und aspektorientierte Programmierung bietet dafür die adäquate Unterstützung, gepaart mit einer Merkmal basierten Modellierung und Konfigurierung der Softwarevarianten.

Literaturverzeichnis

1. International Standards Organization: Road vehicles—Interchange of digital information—Controller area network (CAN) for high-speed communication. ISO 11898, 1993.
2. Specks JW, Rajnak A: LIN — Protocol, Development Tools, and Software Interfaces for Local Interconnect Networks in Vehicles. In *Proceedings of the 9th International Conference on Electronic Systems for Vehicles*, Baden-Baden, Germany, 2000.

3. MOST Cooperation: Media Oriented Systems Transport—Multimedia and Control Networking Technology. `http://www.mostcooperation.com`, 2002. MOST Specification, Rev 2.2.
4. BMW AG et al.: Sicherheits- und Informationsbussystem (SI-BUS) — *byteflight*. `http://www.byteflight.com`.
5. Belschner R, et al.: FlexRay Requirements Specification, Version 2.0.2. Technical report, BMW AG, DaimlerChrysler AG, Robert Bosch GmbH, General Motors Opel AG, April 2002.
6. OSEK/VDX Steering Committee: OSEK/VDX Operating System, September 2001. Specification 2.2.
7. Kopetz H: *Event-Triggered versus Time-Triggered Real-Time Systems*, Lecture Notes in Computer Science 563. Springer, 1991.
8. Broy M, von der Beeck M, Krüger I: SOFTBED: Problemanalyse für ein Großverbundprojekt „Systemtechnik Automobil — Software für eingebettete Systeme", 1998.
9. Tennenhouse D: Proactive Computing. Communications of the ACM, 43(5):43–50, 2000.
10. Heath S: *Embedded Systems Design*. Newnes, Butterworth-Heinemann, 1997.
11. Weißel A, Bellosa F: Process Cruise Control: Event-Driven Clock Scaling for Dynamic Power Management. In *Proceedings of the International Conference on Compilers, Architecture and Synthesis for Embedded Systems (CASES 2002)*, Grenoble, France, 2002.
12. Kopetz H: *Real-Time Systems: Design Principles for Distributed Embedded Applications*. Kluwer Academic Publishers, 1997.
13. Schön F, Schröder-Preikschat W, Spinczyk O, Spinczyk U: On Interrupt-Transparent Synchronization in an Embedded Object-Oriented Operating System. In *The Third IEEE International Symposium on Object-Oriented Real-Time Distributed Computing (ISORC 2000)*, 270–277, Newport Beach, California, 2000. IEEE Computer Society.
14. Herlihy MP: Wait-Free Synchronization. *ACM Transactions on Programming Languages and Systems*, 13(1):123–149, 1991.
15. Parnas DL: On the Design and Development of Program Families. IEEE Transactions on Software Engineering, SE-5(2):1–9, 1976.
16. Parnas DL: Designing Software for Ease of Extension and Contraction. IEEE Transactions on Software Engineering, SE-5(2):128–138, 1979.
17. Beuche D, Guerrouat A, Papajewski H, Schröder-Preikschat W, Spinczyk O, Spinczyk U: The PURE Family of Object-Oriented Operating Systems for Deeply Embedded Systems. In *Proceedings of the 2nd IEEE International Symposium on Object-Oriented Real-Time Distributed Computing (ISORC'99)*, St Malo, France, 1999.
18. Papajewski H, Schröder-Preikschat W, Spinczyk O, Spinczyk U: Die Pure-OSEK-API — Spezialisierung einer objektorientierten Betriebssystem-Familie. *PRAXIS Profiline — IN-CAR-COMPUTING*, 36–41, 2000.
19. Spinczyk O: *Aspektorientierung und Programmfamilien im Betriebssystembau*. PhD thesis, Otto-von-Guericke-Universität Magdeburg, 2003.
20. Beuche D: *Composition and Construction of Embedded Software Families*. PhD thesis, Otto-von-Guericke-Universität Magdeburg, 2004.

Zeitsynchrones Interaktives Übertragungssystem basierend auf Embedded Linux

Leo Petrak[1] und Falko Dressler[2]

[1]Universität Tübingen, Rechnernetze und Internet, Auf der Morgenstelle 10C, 72076 Tübingen
petrak@informatik.uni-tuebingen.de
[2]Univerität Erlangen, Informatik 7, Martensstr. 3, 91058 Erlangen
dressler@informatik.uni-erlangen.de

Zusammenfassung. In dieser Arbeit wird ein Übertragungssystem für Bildinhalte z.B. von Powerpoint-Präsentationen vorgestellt, welches eine zeitsynchrone und interaktive Arbeitsweise erlaubt. Ziel ist es, eine neue Technologie zu entwerfen, die besonderen Wert auf eine integrierte Interaktivität legt und dabei für multimediale Echtzeitkommunikation geeignet ist. Neben der Systemarchitektur werden Referenzmessungen einer prototypischen Implementierung vorgestellt. Diese zeigen, daß es gelungen ist, einen Regelkreis aufzubauen, der adaptiv auf sich verändernde Verhältnisse im Netzwerk reagiert. Darauf aufbauend kann über das erstellte systemunabhängige Interface unterschiedliche Multimediaübertragungen implementiert werden, die nicht nur adaptiv auf die Dienstgüte der Datenübertragung, sondern auch auf die Dienstgüte des Rückkanals für interaktive Steuerungen reagieren.

1 Einleitung

Viele Szenarien erfordern eine räumlich getrennte Aufstellung von PC-basierten Rechnersystemen und der dazugehörigen Präsentationstechnik. Die bekanntesten Beispiele sind ein rechnergestützter Powerpoint-Vortrag und eine Fernnutzung von Server- oder Arbeitsplatzrechnern. Als Lösung dieser Problemstellung bietet sich die Übertragung der interaktiven Ein-/Ausgabe über Rechnernetze an. Gerade in der heutigen Zeit, in der funkgestützte Übertragungstechnologien nahezu überall und vor allem preiswert verfügbar sind, kann dadurch eine hohe Beweglichkeit z.B. im Vortragsraum erreicht werden und damit verbunden eine Erhöhung der Arbeitsqualität.

Motiviert wurde diese Arbeit durch einen c't-Artikel [1] über eine Funklan-basierte Anbindung von Projektoren an Laptops, um Powerpoint-Präsentationen kabellos in großen Seminar- bzw. Vortragsräumen durchführen zu können [7]. Diese Anwendung kennzeichnet sich leider durch ihre sehr proprietären Schnittstellen. So kann zum einen nur Powerpoint als Anwendung genutzt werden und zum anderen nur Funklan als Übertragungstechnik. Außerdem ist der Grad der Interaktivität durch mangelnde Dienstgüteunterstützung eingeschränkt.

Das Ziel der hier präsentieren Arbeit ist es, eine allgemeine IP-basierte Lösung für dieses Problem vorzustellen. Dabei stehen folgende Schwerpunkte im Vordergrund des Ansatzes, die als primäre Anforderungen für die Systemarchitektur und eine folgende Implementierung dienen:

- hoher Grad der Interaktivität
- Betriebssystem- und Anwendungsunabhängigkeit
- Möglichkeit der Interaktion zwischen Remote-Standort und Hostsystem
- Echtzeitfähigkeit der Bilddarstellung bzw. des Rückkanals
- handliche Ausprägung des Empfängers in Form eines PC104 embedded Linux-Systems
- Unabhängigkeit vom verwendeten Medium (Funk, Kabel)

Im Rahmen einer aktuellen Arbeit am Lehrstuhl für Rechnernetze und Internet der Universität Tübingen wird eine Anwendung implementiert, die es erlaubt, Bildinformationen von verschiedenen Hostsystemen (im Moment Windows und Linux) abzugreifen, zielgerecht zu verpacken und über IP-basierte Netze zu einem Empfänger zu transportieren. Der Empfänger, vorzugsweise ein kompaktes PC104-basiertes embedded Linux-System, hat die Aufgabe, die Daten zu dekodieren und zeitsynchron auf einer Präsentationsfläche darzustellen. Weiterhin sollten Tastatureingaben (Maus, Zeiger,..) für interaktive Steuerungen aufgenommen und an den Sender transportiert werden. Wir versprechen uns von diesem Projekt ein universell einsetzbares System, welches sowohl für Präsentationsszenarien als auch für den Betrieb von schwer zugänglichen Rechensystemen eingesetzt werden kann. Die in der Zielstellung formulierte Medien- und Betriebssystemunabhängigkeit hilft, eine plattformübergreifende Lösung zu realisieren.

Schwerpunkt der hier präsentierten Untersuchungen ist die Analyse der benötigten Dienstgüte [5] für die multimediale Datenübertragung [3] als auch für eine echte Interaktivität. Basierend auf kontinuierlichen Dienstgütemessungen soll so ein Regelkreis entstehen, der adaptiv auf sich verändernde Netzverhältnisse reagieren kann und die Datenrate und die Paketgröße, welche die primären Kriterien für die Qualität der Datenübertragung darstellen, entsprechend anpassen kann.

Wichtig ist dabei die Tatsache, daß als Übertragungsprotokoll IP genutzt wird. Dies ermöglicht eine Adaption an verschiedenste Übertragungsmedien wie z.B. Bluetooth, Funklan oder kabelbasierte Medien.

Durch eine geeignete Dimensionierung der Warteschlangen und der genutzten Protokolle wird es erlaubt, Echtzeitkommunikation auch in verlustbehafteten Medien wie Funklans erfolgreich einsetzen zu können [2, 6]. Möglich wird dies durch spezielle Synchronisationsmechanismen zwischen den kommunizierenden Einheiten, welche z.T. auf einer Zeitsynchronisation basieren [4]. Gemeint ist damit ein künstlich erzeugter Takt, der über das Protokoll generiert und übertragen wird. Dieser kann auch gleichzeitig für den interaktiven Rückkanal, sprich z.B. die Übertragung von Tastaturinformationen, genutzt werden.

Die anvisierte Zielplattform für den Empfänger ist ein kleines, handliches PC104-basiertes System, welches z.B. an Projektoren installiert werden kann. Als Betriebssystem am Empfänger ist Linux vorgesehen. Dabei soll vorrangig embedded Linux genutzt werden.

Die folgenden Abschnitte sind wie folgt organisiert. In Abschnitt 2 werden die Anforderungen an die interaktive Steuerung beschrieben. Diese, zusammen mit den

Ergebnissen aus Abschnitt 4, zeigen die Funktionalität und Anwendbarkeit des entwickelten Reglers. In Abschnitt 3 ist die Systemarchitektur der kompletten Anwendung skizziert ebenso wie die Architektur des Regelkreises. Abschnitt 4 beschreibt den Versuchsaufbau für die experimentellen Untersuchungen und diskutiert die Meßergebnisse. Eine Zusammenfassung und ein Ausblick in Abschnitt 5 beschließen die Arbeit.

2 Interaktive Steuerung

Besonderer Wert liegt auf der Interaktivität der Kommunikationspartner. Die Reaktion des Senders, d.h. der Beginn der Datenübertragung bzw. die Beendigung der Übertragung, soll einem menschlichen Nutzer angenehm erscheinen und, vor allem, sich adaptiv den Umgebungseigenschaften anpassen. Subjektive Messungen können einen Anhaltspunkt für optimale, d.h. maximale Start- / Stopverzögerungen aufzeigen. Der Fokus dieser Arbeit liegt allerdings in der Entwicklung eines Regelkreises für eine optimale Adaption an die zugrundeliegenden Verhältnisse im Datennetz. Dies scheint vor allem bei Funk-gesteuerten Datenübertragungen sinnvoll, da es hier zu starken Schwankungen der Dienstgüte und der Übertragungskapazität kommen kann.

In Abbildung 1 ist die genutzte Definition der Start- bzw. Stopverzögerung gezeigt. Nach dem Verschicken einer Start-Nachricht dauert es exakte eine Round-Trip Time (RTT) zzgl. Verwaltungsaufwand auf Sender- und Empfängerseite, bis die ersten Datenpakete empfangen, verarbeitet und angezeigt werden können.

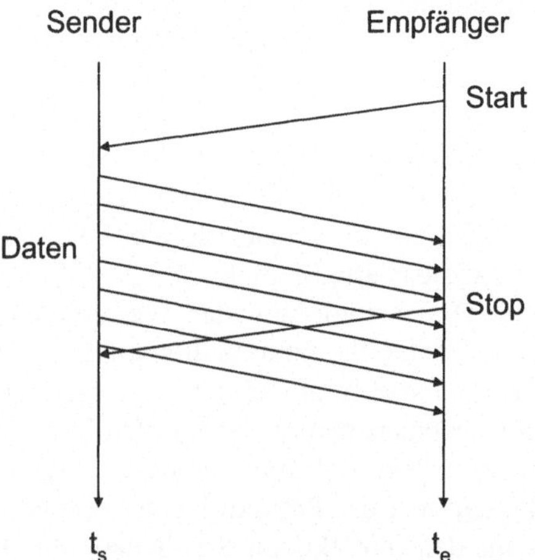

Abb. 1. Start- / Stopverzögerung. Die Zeitspanne zwischen verschicktem Start-Signal und dem ersten komplett empfangenen Datenpaket ist ein Maß für die Qualität der Interaktivität

Die Verzögerung ist auch abhängig von der gewählten Paketgröße. Zum einen muß der Sender eine entsprechende Datenmenge puffern (was je nach Bitrate der Anwendungsschicht unterschiedlich lange dauern kann) und dann muß das entsprechend große Datenpaket verschickt und empfangen werden, was mit wachsender Paketgröße erheblich länger dauern kann.

Die Stopverzögerung unterliegt noch weiteren Faktoren. So ist hier die Paketrate das wichtigste Kriterium für die Stopverzögerung. Werden nur wenige Pakete pro Sekunde verschickt, kann es sein, daß „negative" Stopverzögerungen erzeugt werden, d.h. das Stop wurde nach dem letzten zu übertragenen Datenpaket verschickt und es wird auch kein weiteres Datenpaket mehr erzeugt. Bei kleinen Paketen und großen Paketraten ist die Stopverzögerung ein wichtiges Dienstgütekriterium.

3 Systemarchitektur

Die grundsätzliche Systemarchitektur ist in Abbildung 2 zu sehen. Vom Bildspeicher des Hostsystems werden über ein geeignetes Interface Datenpakete generiert. Dabei beschreibt das Interface eine grundsätzlich systemunabhängige Schnittstelle, die z.B. unter Windows dem Frame Buffer ansprechen kann oder unter Linux das X11 Grafiksystem. Die gewonnenen Bildinformationen sollen über an das Interface angeschlossene Kodierbibliotheken komprimiert und für die Datenübertragung vorbereitet werden. Primär steht der Einsatz einer MPEG-Kodierung im Vordergrund, grundsätzlich können aber über eine generische Schnittstelle nahezu beliebige Filter- bzw. Kodieralgorithmen eingesetzt werden.

In Abbildung 2 durch den roten bzw. helleren Pfeil angedeutet, stehen dem Interface Statusinformationen über die Qualität der Datenübertragung zur Verfügung. Ebenfalls genutzt wird dieser Kanal für die Übermittlung der Interaktionsbefehle. Diese Statusinformationen können für eine Adaption der Kodierung (Auslassen von weniger Bild-relevanten Datenpaketen in Abhängigkeit von der Übertragungsqualität) genutzt werden, so daß das Gesamtsystem auf die aktuellen Zustände der Datenübertragung reagieren kann.

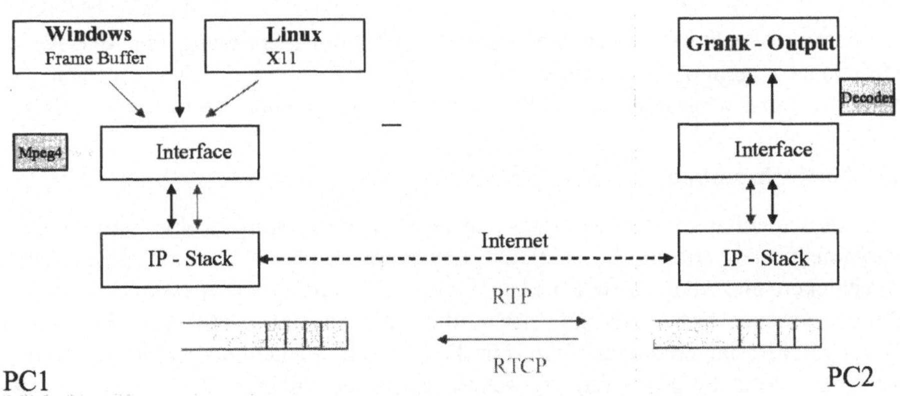

Abb. 2. Schematische Darstellung der Architektur de Zielsystems

Die im Interface erstellten Datenpakete werden mittels des Real-time Transportprotokolls (RTP) [8] über einen Standard-IP-Stack an das Zielsystem, den embedded Linux-PC, verschickt. Das dabei benutzte RTP-Protokoll eignet sich im allgemeinen für die Übermittlung von Echtzeit-Multimedia-Daten. Im Kopf eines jeden Paketes werden Sequenznummern und Zeitstempel gespeichert, so daß der Empfänger anhand dieser Daten Rückschlüsse auf die aktuelle Dienstgüte der Datenübertragung ziehen kann. Die wesentlichen Parameter sind die Paketverlustrate und der Jitter, also die Variation der Verzögerung. Mittels eines Rückkanals, basierend auf dem RTP Control Protokoll (RTCP) [8], kann der Sender die Datenübertragung adaptiv auf die Kanalqualität anpassen.

Die Vorteile dieser Systemarchitektur sind offensichtlich. Basierend auf dem Grundkonzept werden folgende Anforderungen des Gesamtsystems erreicht:

- hoher Grad der Interaktivität durch echtzeitfähigen Rückkanal
- Betriebssystem- und Anwendungsunabhängigkeit durch Implementierung eines anwendungsneutralen Interfaces
- Möglichkeit der Interaktion zwischen Remote-Standort und Hostsystem über den RTCP-Rückkanal
- Echtzeitfähigkeit der Bilddarstellung bzw. des Rückkanals durch geeignete Dienstgütemechanismen und Programmiermodelle (nicht Bestandteil der vorliegenden Arbeit)
- handliche Ausprägung des Empfängers in Form eines PC104 embedded Linux-Systems; dies ist die anvisierte Zielplattform; die Messungen in Abschnitt 4 wurden mit einem solchen System erstellt
- Unabhängigkeit vom verwendeten Medium (Funk, Kabel) dank der Standard-IP-Technologie, die für nahezu alle Medien verfügbar ist

Die hier vorgestellte Systemarchitektur wurde für erste Referenzmessungen und den Nachweis der Funktionalität der Interaktivität des Ansatzes prototypisch implementiert und getestet.

4 Versuchsaufbau und Messungen

In diesem Abschnitt werden die prototypische Implementierung und der für die Messungen genutzte Versuchsaufbau beschrieben. Weiterhin werden die Meßergebnisse vorgestellt, die im Rahmen der Studie gewonnen wurden.

4.1 Versuchsaufbau

Für die qualitative Analyse des Systemkonzepts wurde eine prototypische Implementierung erstellt, die es erlaubt, Echtzeitdaten über RTP an ein Zielsystem zu verschicken und über einen Rückkanal diesen Datentransfer interaktiv zu steuern. Dabei werden basierend auf den Informationen im Kopf der RTP-Pakete Dienstgütemessungen durchgeführt. Für die Bestimmung der Qualität der interaktiven Steuerung wird die Zeitspanne zwischen einem verschickten Start-Signal und dem ersten vollständig empfangenen Datenpaket gemessen.

Der Versuchsaufbau ist in Abbildung 3 zu sehen. Ein Sender (Standard-PC) verschickt RTP Pakete über ein Funklan an ein embedded Linux System bzw. über 100Mbps Ethernet an einen Linux-PC.

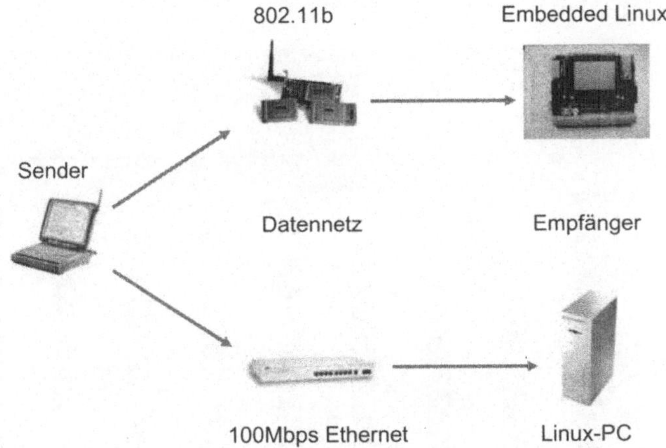

Abb. 3. Versuchsaufbau für die Dienstgütemessungen. Via Funklan IEEE 802.11b an ein embedded Linux-System (oben), via 100Mbps Ethernet an einen Standard-PC (unten)

Für die Bestimmung der Dienstgüte der Datenübertragung und der Qualität der Interaktivität wurden Messungen mit unterschiedlichen Datenraten und Paketgrößen durchgeführt. Diese dienen als Referenz für den Einsatz eines adaptiven Reglers. Die Parameter für die einzelnen Messungen sind in Tabelle 1 zusammengefaßt.

Tabelle 1. Parameter für die Dienstgütemessungen

Nummer der Messung	Datenrate [kBit/s]	Paketgröße [Byte]
1	64	64
2		429
3		1500
4	768	64
5		429
6		1500
7	1500	64
8		429
9		1500
10	8000	64
11		429
12		1500

4.2 Dienstgüte der Datenübertragung

Als Referenzmessungen wurden der Jitter, also die Variation der Verzögerung bei der multimedialen RTP-basierten Datenübertragung und die Paketverlustrate bestimmt. Die Meßergebnisse sind in Abbildung 4 und Abbildung 5 zu sehen.

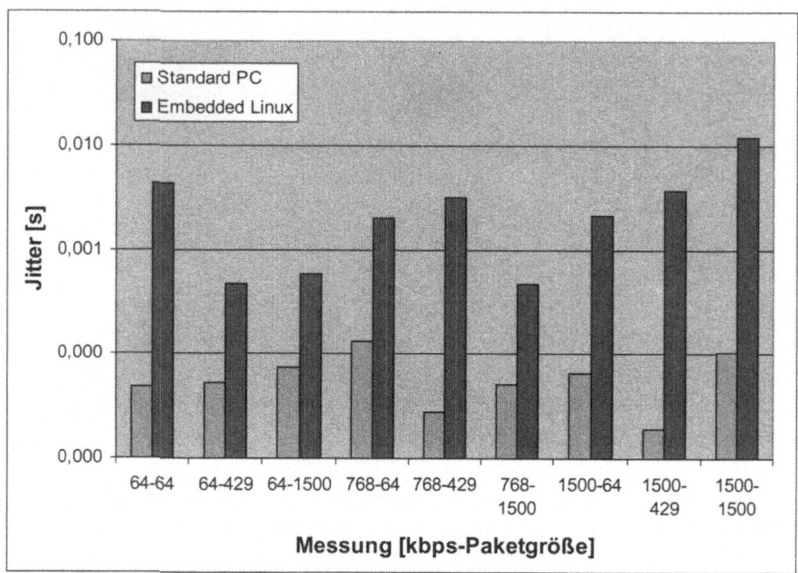

Abb. 4. Messung des Jitters der Datenübertragung

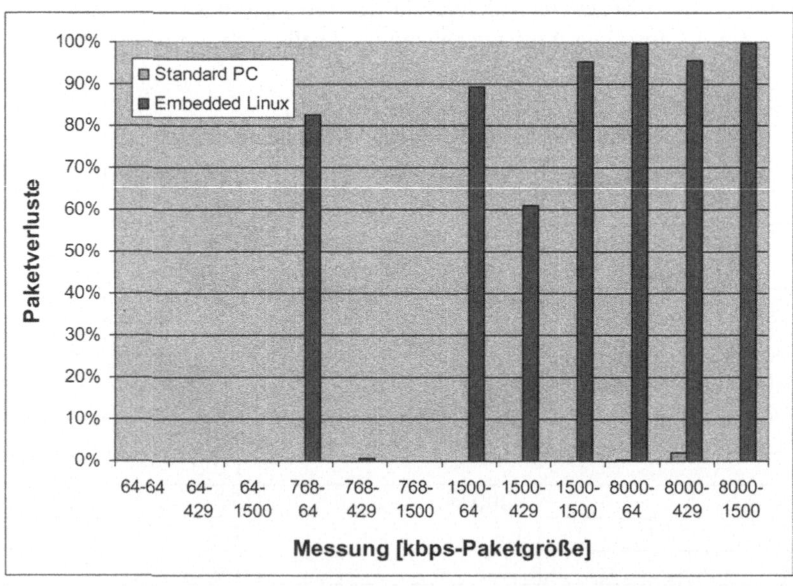

Abb. 5. Messung der Paketverlustrate der Datenübertragung

Abbildung 4 zeigt den Jitter bei der Echtzeitkommunikation. Dieser ist bei der Nutzung des kabelbundenen 100Mbps Ethernets deutlich kleiner als bei einer Funkübertragung zu einem embedded Linux-System. Die Paketverlustrate (Abbildung 5) ist im Fall des Ethernets und des Standard-PCs nahezu Null. Anders sieht es beim Einsatz des embedded Linux-Systems aus. Hier stellt sich nicht nur die

Qualität des Übertragungsmediums als kritisch heraus, sondern auch die Leistungsfähigkeit des Zielsystems, welches bei der Verarbeitung kleiner Pakete schnell an seine Leistungsgrenzen stößt.

Der adaptive Ausgleich der Übertragungs- und Verarbeitungsgeschwindigkeit ist die Aufgabe des Regelkreises, der die durch die Applikation erzeugte Datenrate regulieren soll. Bei den anvisierten Bildübertragungen mit mittlerer bzw. hoher Datenrate sind offensichtlich große Pakete ideal für eine maximale Dienstgüte.

4.3 Dienstgüte der Interaktivität

Schwerpunkt der vorgestellten Arbeit ist die Interaktivität der Anwendung. Die erreichbare Qualität der Interaktivität bei unterschiedlichen Zielsystemen (Standard-PC, embedded Linux-System) und unterschiedlichen Netzverbindungen (100Mbps Ethernet, Funklan) wurde untersucht. In der Darstellung der folgenden Abbildungen entspricht die Nummer der Messung der Nummer in Tabelle 1. Anhand dieser können Parameter wie Datenrate und Paketgröße abgelesen werden.

In Abbildung 6 ist die gemessene Startverzögerung bei einem Standard-PC und einem 100Mbps Ethernet zu sehen. Die Werte liegen konstant bei ca. 8ms. Es sind kaum Schwankungen basierend auf den Übertragungsparametern zu erkennen.

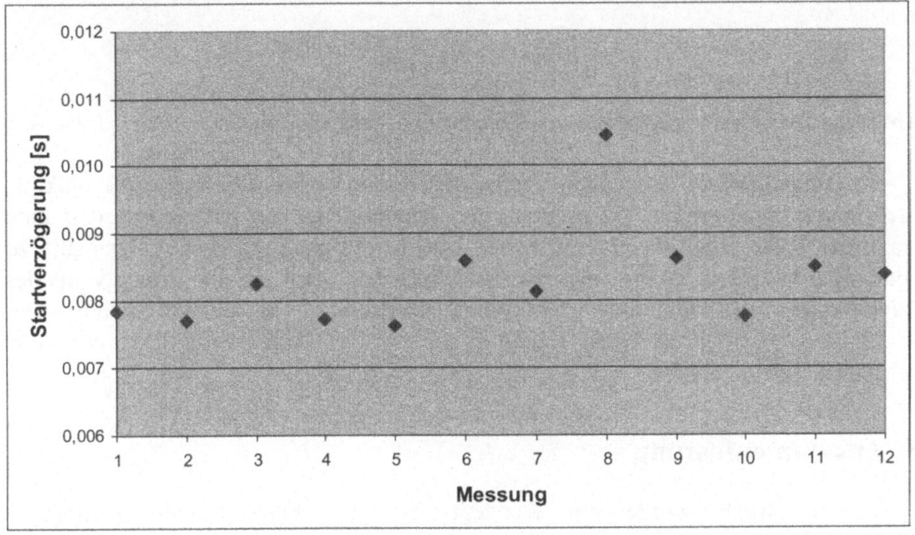

Abb. 6. Startverzögerung bei einem Standard-PC und einem 100Mbps Ethernet als Datennetz

Komplett andere Ergebnisse zeigen sich bei den Messungen mit dem embedd Linux-System und einem IEEE 802.11b Funklan. Die Resultate, gezeigt in Abbildung 7, lassen folgende Rückschlüsse für die angestrebte Interaktivität zu:

- es sind grundsätzliche Unterschiede zwischen den Einzelmessungen zu sehen
- die Startverzögerung wird kaum durch die Datenrate beeinflußt

- die minimale Startverzögerung beim Einsatz von Funklan-Technologie und einem embedded Linux-System liegt nur minimal höher im Vergleich zu einem Standard-PC und 100Mbps Ethernet
- wichtigster Parameter ist die Paketgröße, die die Startverzögerung enorm beeinflußt

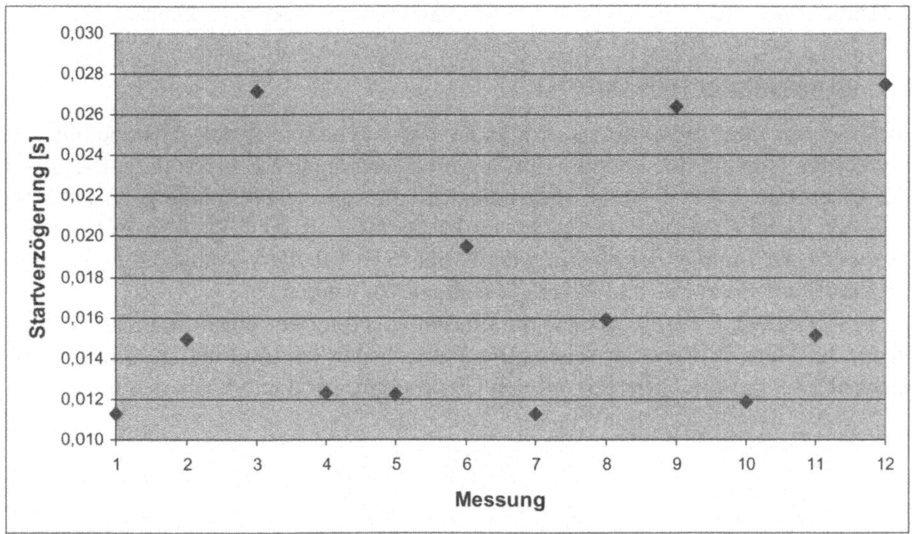

Abb. 7. Startverzögerung bei einem embedded Linux-System und einem Funklan als Datennetz

Zusammenfassend kann man sagen, daß eine minimale Paketgröße die Qualität der Interaktivität erhöht. Dies steht im Gegensatz zu der Erkenntnis, daß eine maximale Paketgröße für eine effiziente Datenübertragung mit hoher Dienstgüte zu benutzen ist. Die Lösung dieses Widerspruches liegt in der Adaptivität des Regelkreises. Zu Beginn einer Übertragung sollte eine minimale Paketgröße gewählt werden, die während der Übertragung zu steigern ist. Dafür ist die Paketverlustrate der entscheidende Faktor.

5 Zusammenfassung

In dieser Arbeit wurde ein Konzept für ein zeitsynchrones interaktives Übertragungssystem basierend auf Embedded Linux vorgestellt. Die Neuartigkeit des Ansatzes liegt in der sich durch eine hohe Dienstgüte auszeichnenden Interaktivität der Architektur. Das dazu nötige Regelsystem optimiert sowohl die Qualität der Datenübertragung als auch die der der interaktiven Steuerung. Funktional wird dieser Regelkreis über ein systemunabhängiges Interface zur Verfügung gestellt.

In den mit einer prototypischen Implementierung der Architektur durchgeführten Referenzmessungen zeigte sich, daß die Qualität der Datenübertragung wie erwartet sowohl von dem Übertragungsmedium als auch von der Verarbeitungsgeschwindigkeit des Zielsystems abhängt. Die Güte der interaktiven Steuerung hängt dagegen im wesentlichen nur von der Parametrierung der Übertragungsstrecke, sprich der gewählten Paketgröße ab. Diese kann über den Regler effizient den Bedürfnissen der Umgebung angepaßt werden.

5.1 Offene Fragen

Im Moment stellen sich uns noch folgende offene Fragen:

a) Sicherheit des Gesamtsystems

Das vorgeschlagene Protokoll enthält bisher noch keine expliziten Sicherheitsmechanismen. Dies ist aufgrund der Tatsache, daß es u.a. für kritische Fernwartungsprozesse genutzt werden könnte besonders fraglich. Ein intuitiver Lösungsansatz ist die Nutzung von IPSec als Übertragungsprotokoll. Dies ist aufgrund des modularen Aufbaus des Systems einfach zu realisieren. Dennoch ist zu prüfen, in wieweit die Echtzeitfähigkeit davon beeinflußt wird.

b) Multiuser Interaktion

Ein interessanter Aspekt ist die Möglichkeit, mehrere Nutzer gleichzeitig interagieren zu lassen. Dies ist sowohl in Richtung Präsentation als auch für den Rückkanal denkbar. Möglich werden so z.B. kollaborative Szenarien.

c) Einsatz von intelligenten Kodierer

Ein weiterer lohnenswerter Aspekt ist der Einsatz von intelligenten Kodierern. Dies könnte dazu führen, dass in Abhängigkeit von der Qualität und Auslastung des Übertragungskanals die Anzahl der zu übertragenden Frames beeinflusst werden könnte. Auf diesem Wege lässt sich die zeitsynchrone Übertragung auf Kosten der Bildqualität realisieren. Dieser Prozess könnte auch adaptiv ablaufen.

Literaturverzeichnis

1. "Bildfunk," in *c't*, vol. 25, (2003) 64
2. C.-T. Chou and K. G. Shin, "Analysis of Adaptive Bandwidth Allocation in Wireless Networks with Multilevel Degradable Quality of Service," *IEEE Transactions on Mobile Computing*, vol. 3 (2004) 5-17
3. F. Dressler, "Considerations on Selection Criteria for Sources of Multimedia Traffic," Proceedings of 7th World Multiconference on Systematics, Cybernetics and Informatics (SCI 2003), vol. III, Orlando, Florida, USA (2003) 34-38
4. J. Elson and D. Estrin, "Time Synchronization for Wireless Sensor Networks," Proceedings of 2001 International Parallel and Distributed Processing Symposium (IPDPS), San Francisco, CA, USA (2001)
5. U. Hilgers and F. Dressler, "Echtzeit-Datenverkehr über IP-basierte Datennetze," Proceedings of Echtzeitkommunikation und Ethernet/Internet: Fachtagung der GI-Fachgruppe 4.4.2 Echtzeitprogrammierung (PEARL 2001), Boppard, Germany (2001) 29-39
6. V. Huang and W. Zhuang, "QoS-Oriented Packet Scheduling for Wireless Multimedia CDMA Communication," *IEEE Transactions on Mobile Computing*, vol. 3 (2004) 73-85
7. OTC Wireless, "WiJET Wireless Projector/Monitor Adaptor," http://www.otcwireless.com/802/WiJET_V.htm (2003)
8. H. Schulzrinne, S. Casner, R. Frederick, and V. Jacobson, "RTP: A Transport Protocol for Real-Time Applications," RFC 3550 (2003)

Eine echtzeitfähige, verteilte, virtuelle Maschine auf heterogenen Automatisierungsclustern

Uwe Schmidtmann, Gerhard Kreutz, Bodo Wenker und Rainer Koers

Fachhochschule O/O/W, Standort Emden

Zusammenfassung. Dem zunehmenden Einfluss der Informatik auf die Automatisierungstechnik hat die IEEE mit der Einrichtung der Konferenzreihe *INDIN*[2] (Industrial Informatics) im Herbst 2003 Rechnung getragen. Die Konzepte der Informatik werden in diesem Zusammenhang auf ihre Übertragbarkeit auf Automatisierungsprobleme untersucht. Insbesondere wird zur Zeit nach einer offenen, verteilten Plattform für Echtzeitapplikationen gesucht, die eine einheitliche Sicht auf die heterogene Hardware bietet. Wir haben mit der *rt-dvm* einen solchen Ansatz gefunden, um eine verteilte Umgebung aus verschiedenartigster Hardware über einheitliche Schnittstellen anzusprechen.

1 Einleitung

Aus unserer Sicht wird die Automatisierungstechnik im nächsten Jahrzehnt wesentlich durch neue Internet-Technologien bestimmt werden. Beschleunigt wird dieser Wandel durch die Globalisierung sowie das sich ändernde Nachfrageverhalten der Kunden bezüglich individuell gestalteter Produkte. Beispielsweise erwartet ein Kunde heute, dass er sein Auto per CAD-Programm individuell gestalten kann, wobei die Zeitdauer von der Planung bis zur Auslieferung des Fahrzeuges auf 5 bis 7 Tage schrumpfen wird und der Kunde zu jeder Zeit den aktuellen Fertigungsstand via Internet abfragen kann. Diese Vision der zukünftigen Fertigung lässt sich mit dem heutigen Stand der Automatisierungstechnik kaum oder nur ansatzweise realisieren, nämlich sie setzt eine durchgängige Supply Chain Management Kette (SCM) vom Enterprise Resource Planning System (ERP) bis zum Aktor/Sensor voraus, die zudem intelligent unterschiedliche Zeitvorgaben handhaben muss und die auf nicht planbare Ereignisse wie Maschinenstörungen, Materialflussunterbrechung, etc. intelligent reagieren sollte.

Der Zugriff auf die Geräte an den Feldbussen (CAN, PROFIBUS, Ethernet, etc.) wie auch auf die eingebauten I/Os ist uneinheitlich und unbefriedigend. So gibt es seit einigen Jahren bereits verschiedene Ansätze, über Gateways und Object Request Broker (ORB) Brücken zwischen den Feldbussen zu schlagen. Gateways gibt es in den verschiedensten Ausprägungen. In der einfachsten Form beschränkt sich die Gateway-Funktionalität lediglich auf die Umsetzung nur einer Botschaft in das jeweils andere Format. Eine andere Initiative stützt sich auf den ORB Ansatz wie beispielsweise die PROFInet Initiative von Siemens

[4], die über die DCOM/OPC Technologie das auf TCP/IP basierende Industrial Ethernet mit den bekannten Feldbussen verbindet.

2 Botschaftenorientierter Zugriff

Da der durch die Aussagen und Prognosen der führenden Hersteller und Markforschungsunternehmen aufgezeigte Trend zu intelligenten Clustern von embedded Controllern und Industrie-PCs irreversibel scheint, gehen wir von der Prämisse aus, dass alle intelligenten Subsysteme miteinander mehrfach vernetzt sind. Die Subsysteme wiederum besitzen lokale digitale, analoge I/O-Kanäle sowie Feldbusse zur Ansteuerung der angeschlossenen Komponenten. Ferner erwarten wir, dass in der Regel für Aufgaben ohne Echtzeitanforderungen eine separate Ethernet-Kommunikation existiert. Dieser Trend wurde auf der Hannover-Messe-Industrie 2004 durch Herstelleraussagen und Produktpräsentationen bestätigt. Bei dieser Ausgangslage sind Botschaften die Lösung für die Interkommunikation zwischen den Prozessen. Im Sinne der Vereinfachung des Systementwurfs wäre es unklug, zwischen den Prozessen und den I/O-Geräten unterscheiden zu müssen. Dementsprechend werden Geräte als Tasks modelliert, die auf die Gerätetreiber unmittelbar zugreifen und somit als eine Einheit angesehen werden können. Damit kann eine Steuerungstask über eine Botschaft jedes beliebige Gerät im Verbund der intelligenten Automatisierungsknoten ansprechen; d.h. der Anwender sieht diesen Verbund als eine Einheit an, als *realtime distributed virtual machine* (s. Bild 1).

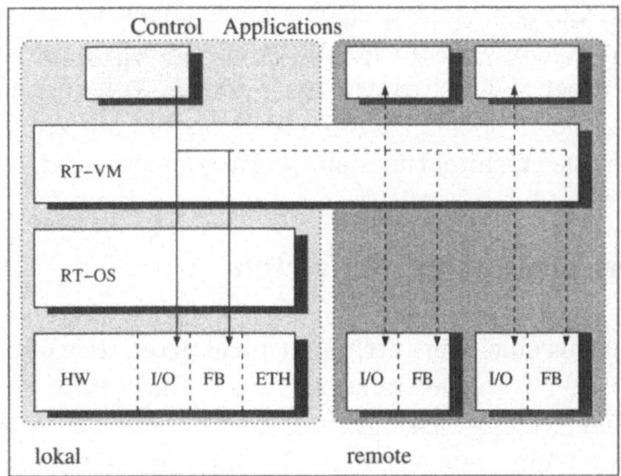

Abb. 1. Rt-dvm

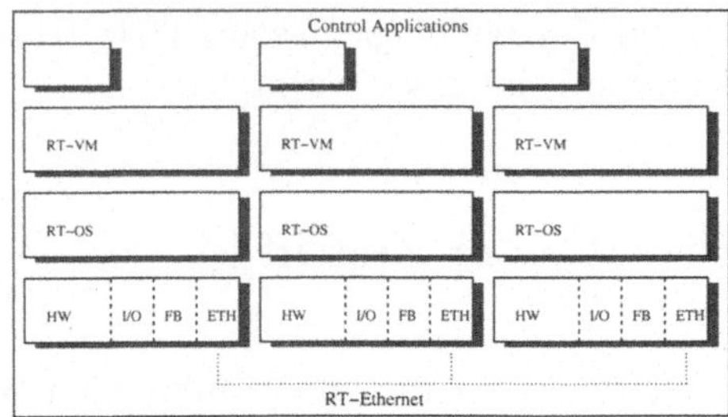

Abb. 2. Real-time distributed virtual Machine

3 Die echtzeitfähige, verteilte Maschine

Die rt-dvm liegt über dem Echtzeitkern des verwendeten Betriebssystems (RT-OS) (siehe Abb. 2), der im Prinzip zu jeder Zeit ausgetauscht werden kann. Somit müssen die Quellen der Steuerungsanwendungen weder bei einer Portierung auf eine andere Hardware, noch bei einem Wechsel auf ein anderes RT-OS, noch bei einer Kombination aus beidem angepasst werden

Wir haben uns für die Kombination aus Standard-Linux und RT-Linux der Firma FSMLabs (http://www.rtlinux.org) entschieden. Für die Echtzeit-Linux Variante RTAI (http://www. aero.polimi.it/ rtai) existiert eine Portierung, die sich zur Zeit im Test befindet.

Der Mikro-Kernel Ansatz ist aus unserer Sicht sehr vorteilhaft, da er alle Internet-Technologien für die DVM erschließt und gleichzeitig ein gesichertes Real-Time-Scheduling der Tasks zulässt. Da der Code von rt-dvm, Linux und RT-Linux in Quelle verfügbar ist, kann auch der Anwender selbst noch nach Jahren an der bestehenden Version eigene Änderungen vornehmen.

Linux als Gastbetriebssystem ermöglicht es, die virtuelle Maschine auf sehr unterschiedlichen Arten von Hardware auszuführen. Von einem handelsüblichen Desktop-PC über Hutschienen-PCs auf x86-Basis bis hin zu Kleinstcontrollern mit PPC- oder XScale-Architektur – alle werden unterstützt.

4 Systemkomponenten der *rtdvm*

Die rt-dvm besteht aus einer Vermittlungsschicht (*core-dvm*) und einem System-Modul (siehe Abb. 3, 7), welches mindestens die Tasks *info*, *error* und *sysagent* enthalten muss. Die System-Tasks starten und sichern den fehlerfreien Betrieb der DVM zusammen mit den Agenten, die im Linux-Userspace laufen. Diese Agenten können von außen angesprochen werden. Sie dienen der Programmentwicklung, der Überwachung, der Leistungsmessung, etc. des gesamten Systems. Sie kommunizieren über spezielle Kanäle (Pipes) mit den Systemtasks und erteilen ihnen Anweisungen bzw. nehmen Meldungen entgegen.

Für die Kommunikation zwischen den Objekten der rt-dvm wurde ein einheitliches Botschaftenformat (siehe Abb. 4) definiert. Die Adressierung

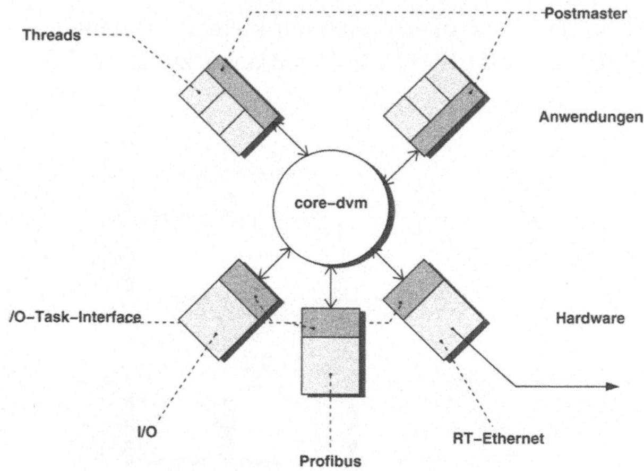

Abb. 3. rt-dvm Module

drd_message

node_id src	port src	node_id dest	port src	length	flags	timeout	time_stamp	data

Abb. 4. rt-dvm Nachrichtenformat

innerhalb der rt-dvm erfolgt über das Paar *node_id* und *port* mit
`<port>::=<device>|<task>`

Der Port spezifiziert eine Empfangswarteschlange des Empfängers, welche in der Regel mit der Task korrespondiert.

Alle Werte im Nachrichtenkopf werden im Format BIG-ENDIAN angegeben, um eine bessere Interoperabilität zwischen verschiedenen Plattformen zu erzielen.

Die Usertasks werden in Modulen zusammengefasst, die spezielle Tasks zum Starten, Stoppen und zur Zeitüberwachung enthalten. Die Zeitüberwachung wird von der Task *postmaster* des jeweiligen Modules wahrgenommen. Zeitüberschreitungen bei Rückantworten oder Timeouts werden anhand der Zeitangaben in der Botschaft erkannt, die *core-dvm* dient ausschließlich der schnellen Übertragung der Botschaften zwischen den Tasks. Befindet sich ein Objekt nicht auf dem lokalen Rechner, so wird es über ein definiertes, spezielles Gerät an den Zielknoten weitergeleitet. Hierzu werden die bei dem Übersetzen des Gesamtsystems statisch festgelegten Task-Task-Beziehungen mit ihren Routen fest in die Tabellen der *core-dvm* eingetragen. Beim Nachladen von Anwendermodulen werden die Routen dynamisch mit Hilfe der Task *info* ermittelt und eingetragen. Leitgedanke über allem ist die Zeiteffizienz des Botschaftenmechanismus.

Das Konzept der virtuellen Maschine benötigt einen in Echtzeit agierenden Kommunikationsweg, um die vorhandenen Botschaften auf den Knoten zu transportieren(siehe Abb. 5), der den Empfänger der Nachricht beherbergt. Das breite

Spektrum von Ethernet-Controllern auch auf kleinen Systemen, lässt es sinnvoll erscheinen, diese für den geforderten Echtzeitkanal zu nutzen.

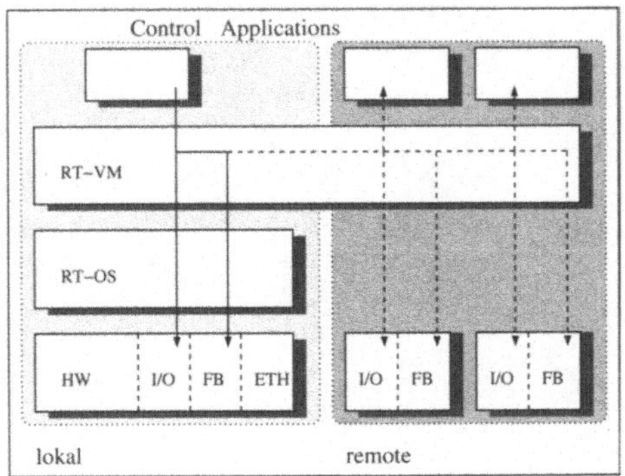

Abb. 5. Verteilte Umgebung

Der angepasste Treiber nimmt Botschaften von der DVM entgegen und versendet diese unter der strengen Kontrolle einer Medienzugriffsstrategie (siehe Abb. 6), welche für eine deterministische Datenübertragung sorgt, indem sie Kollisionen verhindert und auch den *store-and-forward* Mechanismus von Switchen unterbindet. Protokolltechnisch spielen innerhalb der rt-dvm weder TCP noch IP eine Rolle – das Ethernet wird als lokaler Echtzeitbus verwendet. Sicherungsmechanismen, Paketstückelung und das Überwachen von Verbindungen übernehmen die entsprechenden Komponenten der virtuellen Maschine. Ein Routing über mehrere Subnetze wird nicht benötigt.

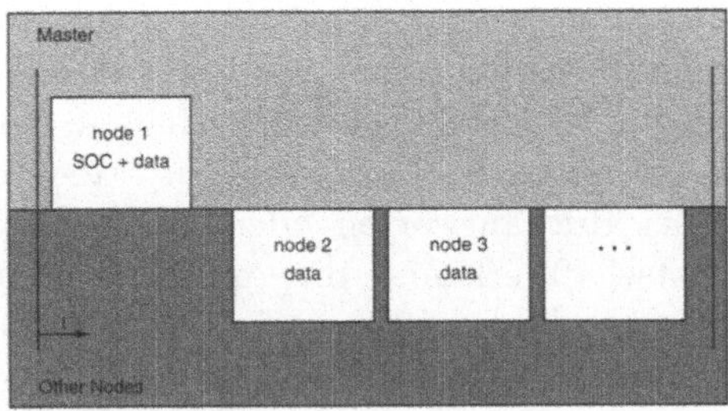

Abb. 6. Verhindern der Kollisionen durch Zeitschlitze

5 Vereinheitlichter Zugriff auf alle Ressourcen

Alle Geräte verfügen über ein einheitliches Interface, mit drei Message-Boxen (siehe Abb. 7): Über den Port *raw* werden ausschließlich für das Gerät passende

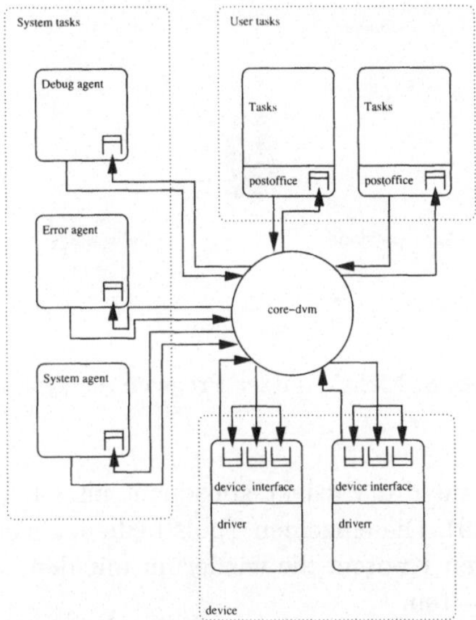

Abb. 7. Core-dvm Konzept

Daten empfangen. Diese gehen ohne weitere Verarbeitung durch das Interface an den Treiber. Der Port *blocked* kann zusammengesetzte bzw. aus mehreren Segmenten bestehende Nachrichten, verarbeiten. Der Port *control* empfängt Anweisungen von der Benutzer-Task sowie den System-Tasks, die zum Beispiel einen Interrupt aktivieren, eine zyklische Benachrichtigung bei dem Gerät beantragen oder es in einen bestimmten Zustand versetzen.

Die Datenfelder einer rt-dvm Botschaft an ein Device werden über XML-Dateien beschrieben, so dass sie sehr leicht in den Konfigurations- und Programmier-Tools verwendet werden können [3,1].

6 Entwicklungsplattform ems-drd

Für die rt-dvm wurde parallel die Entwicklungsplattform ems-drd (Easy Modular System for Distributed Realtime Development) realisiert, die den kompletten Entwicklungsprozess für eine verteilte Echtzeitapplikation unterstützt. Der Support reicht von der Projektierung des Automatisierungsclusters (drd-NetConfig), über die Parametrisierung der Knoten (drd-OSConfig) bis hin zur unterstützten Programmierung der verteilten Anwendung (drd-SourceConfig). Für das Debugging und Monitoring des Systems stehen weitere Tools (drd-ControlCenter, drd-FieldbusObserver) zur Verfügung. Insbesondere ermöglicht dieses Konzept, dass mehrere Entwickler gleichzeitig an demselben Projekt arbeiten und dieses sowohl an verschiedenen als auch an identischen Teilaufgaben (Abb. 8). Wahlweise bieten alle Werkzeuge eine XML-Import/Export-Funktion, um eine definierte Schnittstelle für weitere Entwicklungen zu bieten.

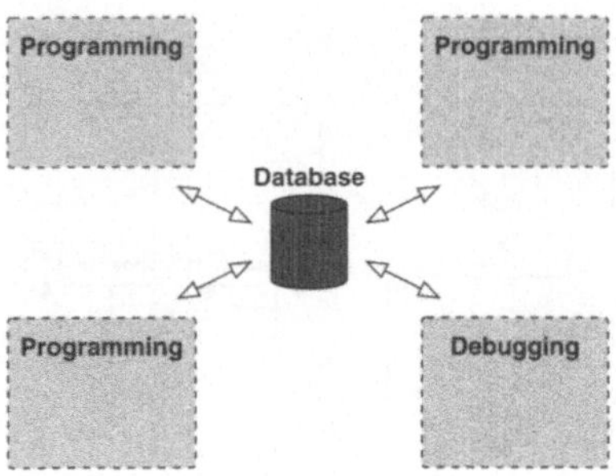

Abb. 8. Mehrbenutzer Programmiersystem

Ferner wurde das ems-drd Projekt konsquent als Client-Server-Architektur konzipiert (siehe Abb. 9): Die einzelnen Tools bedienen sich der entsprechenden Server auf den jeweiligen Knoten, die wiederum mit den Agenten im Realtime-Kontext zusammenarbeiten.

Ems-drd unterstützt auch den von der *OOONEIDA*-Initiative der *IEEE* geforderten inkrementellen Entwicklungsprozess von Fertigungsanlagen. Das NetConfig-Projektierungstool erlaubt es beispielsweise einen Verbund aus IPCs, IOs und Netzwerkverbindungen zu einer logischen Einheit (virtual node) zusammenzufassen. Diese funktionelle Gruppe ist in allen folgenden Projekten wiederverwendbar und lässt sich auch in Form einer XML-Datei exportieren. Dieses „information-hiding" erlaubt es dem Entwickler komplexe Systeme übersichtlich darzustellen und nur bei Bedarf in die Tiefe zu gehen.

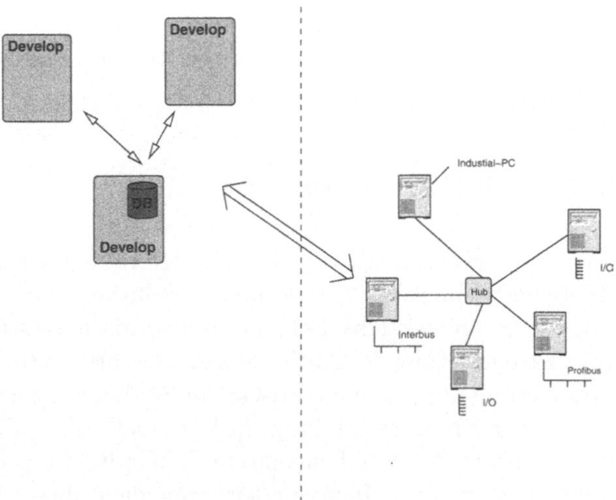

Abb. 9. Verteilte Umgebung, um eine verteilte Umgebung zu programmieren

6.1 drd-Netconfig

Mit dem drd-NetConfig (siehe Abb. 10) kann das zu projektierende verteilte System vollst”andig erfasst werden. Alle Feldbusse, IOs und Kommunikationswege werden eingetragen und durch das Programm auf Konsistenz geprüft. Anlagenteile können zu virtuellen Knoten zusammengefasst werden und alle Einstellungen werden in einer Datenbank festgehalten. Das drd-NetConfig erzeugt eine Verzeichnisstruktur gemäß der Spezifikation der rt-dvm und erstellt auch die nötigen Konfigurationsdateien. Treiber für projektierte (Feldbus-) Karten können auf ein laufendes Zielsystem geladen oder auf dem Compact-Flash-Image ergänzt werden.

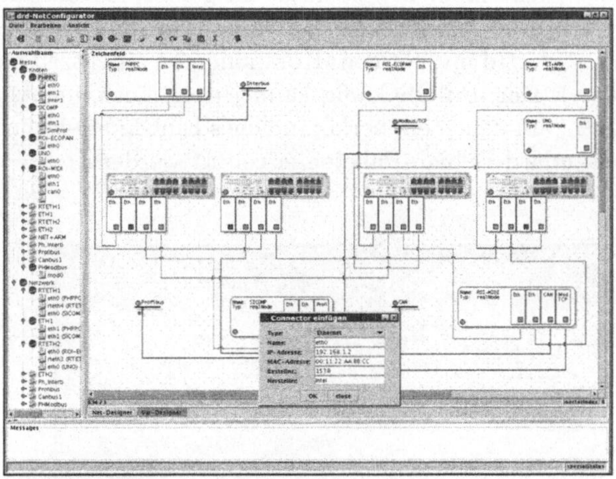

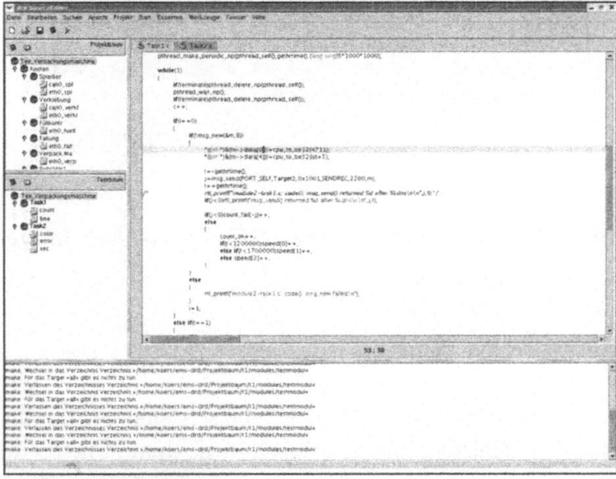

Abb. 10. Programmierwerkzeuge: drd-NetConfig, drd-SourceConfig

6.2 drd-SourceConfig

Ist sämtliche Hardware des Knotens verfügbar, können mit dem drd-SourceConfig die Applikationen erstellt werden. Übersetzen und Herunterladen sind Teil des Werkzeuges. Ebenso besteht die Möglichkeit die Anwendungen auf dem Target zu debuggen. Im drd-SourceConfig stehen sämtliche im drd-NetConfig projektierten Einstellungen zur Verfügung, wie die symbolischen Namen der Knoten, verfügbare Feldbusse / IO's und IP-Adressen.

7 drd-OSConfig

Der drd-OSConfig (siehe Abb. 11) ist dafür ausgelegt bootbare Images für die rt-dvm zu erstellen. Die Images sind konfigurierbar und enthalten sämtliche für den Betrieb der rt-dvm nötigen Komponenten (Echtzeitkernel, Projektierungszugänge ...). Der drd-OSConfig kann jedoch auch genutzt werden, um Images zu erzeugen, auf denen ein herkömmliches Embedded-Linux läuft. Dieses kann noch mit Standard-Debian-Paketen erweitert werden.

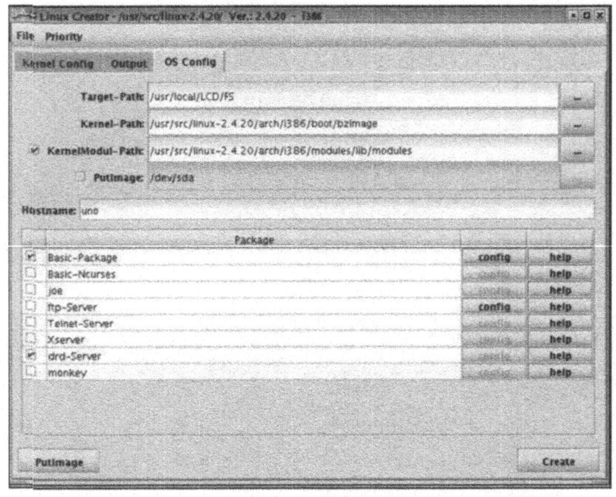

Abb. 11. Erzeugen von bootbaren Compact-Flash-Images

8 drd-ControlCenter

Mit dem drd-ControlCenter (siehe Abb. 12) lassen sich Systemlast und auftretende Interrupts des Zielsystems graphisch auf dem Client darstellen. Für eine Anwendung, die serverseitig im Kontext des drd-ControlCenters abläuft, lassen sich Daten wie die Zykluszeit und die minimal benötigte Durchlaufzeit beobachten. Auch ist eine nachrichtenorientierte Kommunikation mit der Steuerungsanwendung möglich.

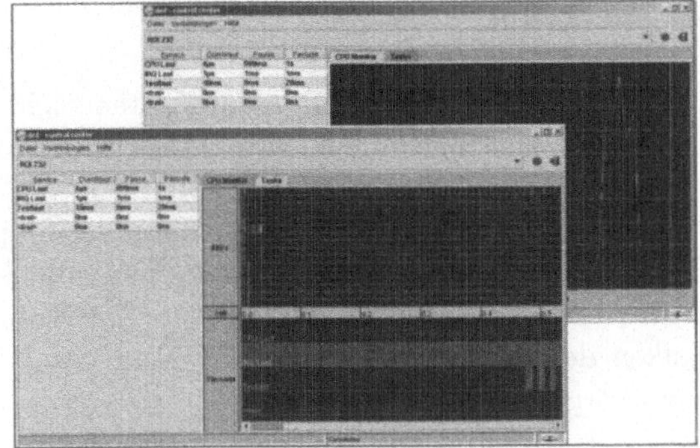

Abb. 12. Diagnose eines Hutschienen-PCs über Ethernet

9 drd-FieldbusObserver

Der drd-FieldbusObserver (siehe Abb. 13) ermöglicht das Monitoring vielfältiger Feldbus-Protokolle (CAN, Profibus, Interbus, Modbus/TCP). Der drd-FieldbusObserver nimmt über das Ethernet zu einem Server Kontakt auf, der die gewünschten Feldbusdaten ermittelt. Es lassen sich ebenfalls Nachrichten versenden, um beispielsweise Feldbusteilnehmer zu testen, ohne die Steuerungssoftware in Betrieb zu nehmen.

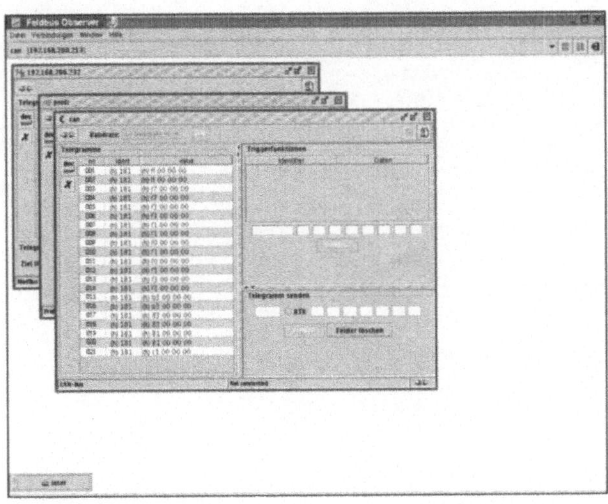

Abb. 13. Vielfältige Feldbusprotokolle überwachen

10 Fazit und Ausblick

Der gewählte Ansatz führt zu einer radikal vereinfachten Sicht des Anwenders auf seine verteilte Automatisierungsaufgabe: Im wesentlichen reduziert sich die Aufgabe des Anwenders auf das Senden und Empfangen von Botschaften. Er muss sich beim Entwurf seiner Lösung nicht mehr detaillierte Spezialkenntnisse über proprietäre Hardware aneignen. Damit ist das Fundament gelegt, auf das Softwareengineeringtools zukünftig aufsetzen können. Das Konzept der rt-dvm trifft den Leitgedanken der neu gegründeten *OOONEIDA*-Initiative der IEEE (http://www.oooneida.org).

Literaturverzeichnis

1. EMSDRD. Easy modular system for distributed realtime development. Tech. rep., ems-drd, http://www.ems-drd.com, 6 2003.
2. SCHMIDTMANN, U., K. G. W. B. K. R., Ed. *Ems-drd - A new open platform for distributed real-time programming* (Berlin, 2004), Proceedings of the Second International Conference on Industrial Informatics INDIN'04.
3. SCHMIDTMANN, U. UND KREUTZ, G. Linux kommt in die Automatisierung – Linux Plattform f"ur verteilte Automatisierungsaufgaben. *SPS Magazin 16*, 11 (2003).
4. SIEMENS. PROFInet Technology and Application. Tech. rep., PROFIBUS Organzation, http://profibus.com/libraries.html, 9 2002.

Testautomatisierung für echtzeitfähige, eingebettete Systeme im Automobil

Michael Haller und Silvije Jovalekic

Hochschule Albstadt-Sigmaringen, Softwaretechnik und Echtzeitsysteme
Poststraße 6, D-72458 Albstadt

Zusammenfassung. Mit diesem Exponat wird das Verfahren des Blackbox-Systemtests für Steuergeräte im Automobil demonstriert. An verschiedenen Beispielen werden die Fehlerarten bei Botschaften und Signalen dargestellt, die im Netzverbund auftreten können. Auf die Überwachung der Zykluszeit der Botschaften wird eingegangen.

1 Einleitung

Vernetzte elektronische Systeme ECU's (Electronic Control Unit) des Automobilfahrwerks, z.B. Bremssteuergerät mit den Funktionen ESP, ABS, müssen harte Zeitanforderungen im Millisekundenbereich erfüllen, um die geforderte Funktionalität zu realisieren. Dabei kommunizieren die Steuergeräte über den echtzeitfähigen CAN-Bus. Empfangsbotschaften von den Steuergeräten und Sensoren werden verarbeitet und Sendebotschaften an Steuergeräte und Aktoren ausgegeben. Von verschiedenen Herstellern entwickelte Steuergeräte müssen miteinander fehlerfrei kommunizieren. Daher fordern die Automobilhersteller von den Steuergeräteherstellern detaillierte Tests als Qualitätsnachweis [1].

2 Beschreibung des Testverfahrens

Während der Entwicklung von Steuergeräten können sich die erfassten Signalwerte von den spezifizierten Signalen unterscheiden, was im endgültigen Produkt zu Fehlverhalten führen würde. Aus der Spezifikation der statischen Struktur und des dynamischen Verhaltens des verteilten Systems durch die CAN-Datenbasis und dem dynamischen Fahrzeugmodell kann der Netzverbund der kommunizierenden Geräte um das Teststeuergerät nachgebildet und simuliert werden. Dabei ist die Simulation des dynamischen Verhaltens des realen Systems in Echtzeit erforderlich, um das Verhalten des Testobjektes im Labor analysieren zu können.

Die Testfälle, beschrieben in der Testdatenbasis, beinhalten die Ansteuerung des dynamischen Fahrzeugmodells im LabCar durch Stimuli sowie die Ansteuerung des Messwerkzeugs. Es werden die Längs- und Querdynamik des Fahrzeugs sowie unterschiedliche Straßenverhältnisse nachgebildet. Die Ausgangsgrößen des dynamischen Fahrzeugmodells werden durch die I/O Schnittstelle in CAN-Botschaften transformiert. Das zu testende Steuergerät verarbeitet empfangene Botschaften und erzeugt eigene Botschaften, die durch die I/O-Schnittstelle in Eingangsgrößen für das dynamische Fahrzeugmodell bereitgestellt werden (Abb. 1).

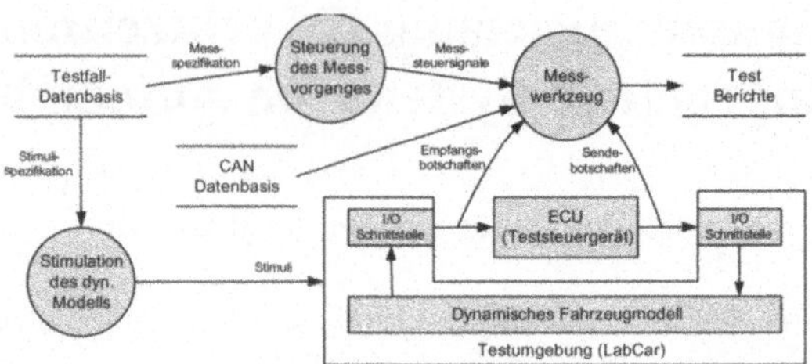

Abb. 1. Datenflussdiagramm des dynamischen Testens von verteilten Steuergeräten

Das Messwerkzeug erfasst die Daten vom CAN-Bus in Echtzeit und vergleicht, ob alle Sende- und Empfangsbotschaften des Teststeuergerätes den Vorgaben in der CAN-Datenbasis entsprechen. Bei der Abweichung vom Sollzustand wird ein Eintrag in den Fehlerbericht vorgenommen. Anhand dieser Abweichungen können die Entwickler auf die Fehler in den Kommunikations- und Anwendungskomponenten des Bremssteuergerätes schließen.

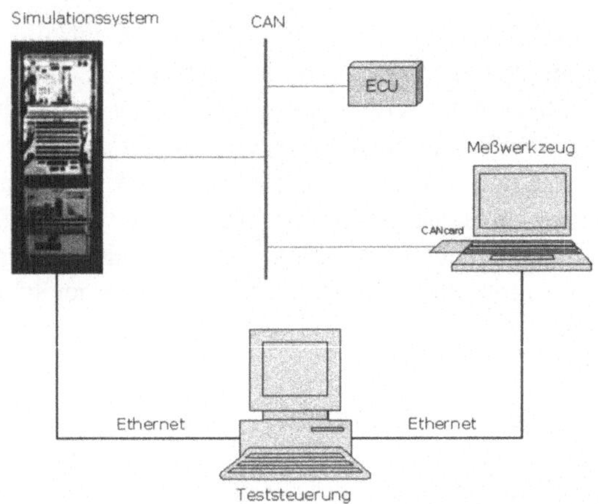

Abb. 2 Aufbau des Testautomatisierungssystems

3 Architektur des Testautomatisierungssystems

Testautomatisierungssystem für den Blackbox-Systemtest von Steuergeräten wurde als verteiltes System mit mehreren vernetzten Rechnern realisiert. Einzelne Testwerkzeuge wie das Simulationssystem LabCar NG oder das Messwerkzeug CAN-Busmonitor werden mit Hilfe der COM-Technologie in das übergeordnete Gesamtsystem integriert. Die Koordinierung der einzelnen Werkzeuge übernimmt eine zentrale Teststeuerungssoftware, die für die Durchführung der Testfälle zuständig ist (Abb. 2).

4 Testdurchführung und Testergebnisse

Ein Testfall besteht aus fünf Ausführungsschritten:

- zuerst werden die Testdaten aus der Testfallparameter-Datei und der Projektparameter-Datei gelesen *(Set parameters)*.
- im zweiten Schritt wird das Testsystem initialisiert, z.B. Setzen der Batteriespannung am LabCar auf den Betriebsspannungspegel *(Initialization)*.
- anschließend wird das Testobjekt über einen Stimuli-Generator stimuliert und die Testergebnisse werden mittels Messwerkzeuge erfasst, z.B. Abfragen von Ventil- oder Lampenzuständen. Bei Vorhandensein eines Fahrmanöverkatalogs werden Fahrmanöver am LabCar durchgeführt *(Stimulation and measurement)*.
- danach werden die Testfallergebnisse ausgewertet und beurteilt *(Evaluation)*.
- zum Schluss wird das Testsystem heruntergefahren, z.B. Setzen der Batteriespannung am LabCar auf 0 *(Finalization)*.

Zur Testauswertung wird ein HTML-Dokument *Campaign Report* generiert, das u.a. eine Übersicht über die Testergebnisse und die Liste der ausgeführten Testfälle enthält. Jeder Testfall ist mit einem korrespondierenden *Testcase Report*-Dokument verknüpft. In diesem Dokument werden die durchgeführten Aktionen in den einzelnen Ausführungsschritten eines bestimmten Testfalls protokolliert.

Das Messwerkzeug CAN-Busmonitor bietet ebenfalls verschiedene Berichte zur Auswertung der Messergebnisse an. Das Ansichtsfenster *Report View* zeigt eine Liste der bei einer Fehleranalyse aufgetretenen Abweichungen zwischen konkreten CAN-Daten und der Spezifikation des CAN-Systems (Abb. 3).

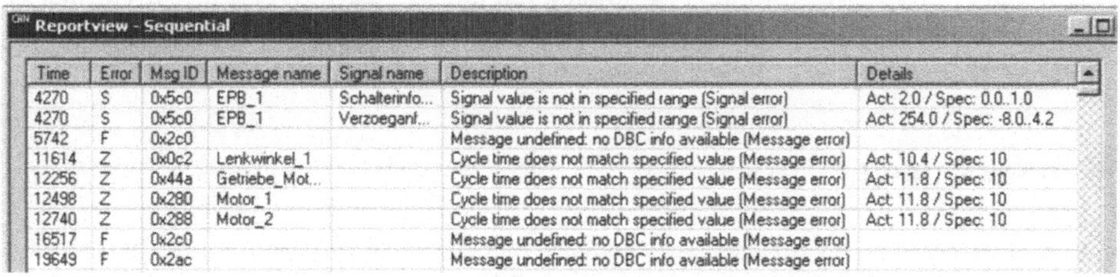

Reportview - Sequential

Time	Error	Msg ID	Message name	Signal name	Description	Details
4270	S	0x5c0	EPB_1	Schalterinfo...	Signal value is not in specified range (Signal error)	Act: 2.0 / Spec: 0.0..1.0
4270	S	0x5c0	EPB_1	Verzoeganf...	Signal value is not in specified range (Signal error)	Act: 254.0 / Spec: -8.0..4.2
5742	F	0x2c0			Message undefined: no DBC info available (Message error)	
11614	Z	0x0c2	Lenkwinkel_1		Cycle time does not match specified value (Message error)	Act: 10.4 / Spec: 10
12256	Z	0x44a	Getriebe_Mot...		Cycle time does not match specified value (Message error)	Act: 11.8 / Spec: 10
12498	Z	0x280	Motor_1		Cycle time does not match specified value (Message error)	Act: 11.8 / Spec: 10
12740	Z	0x288	Motor_2		Cycle time does not match specified value (Message error)	Act: 11.8 / Spec: 10
16517	F	0x2c0			Message undefined: no DBC info available (Message error)	
19649	F	0x2ac			Message undefined: no DBC info available (Message error)	

Abb. 3. Darstellung der Fehler im Ansichtsfenster

Da Bremssteuergeräte harte Echtzeitanforderungen erfüllen müssen, spielt die Überprüfung der Zykluszeit von Botschaften eine besondere Rolle. In Fehlerbericht werden die Abweichungen gemessener Zeitabstände von der spezifizierten Zykluszeit eines Botschaftstyps dargestellt. Falls die spezifizierte Zykluszeit einer Botschaft um einen Wert überschritten wird, der außerhalb eines im Programm einstellbaren *Toleranzbereichs* liegt, wird ein *Zykluszeitfehler* festgestellt.

Im Beispiel liegt der Toleranzbereich, d.h. die maximal zulässige Abweichung von der Sollzykluszeit, bei 3 ms. Da Botschaft 4 die Sollzykluszeit jedoch um 3,156 ms überschreitet, liegt für diese Botschaft ein Zykluszeitfehler vor (Abb. 4).

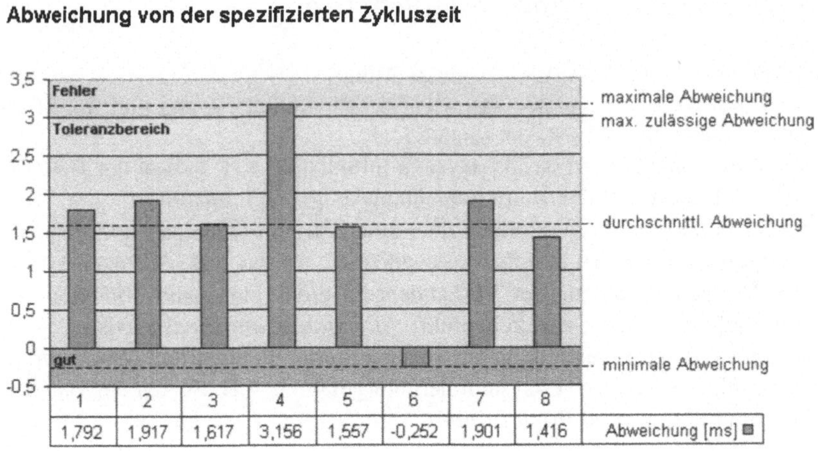

Abweichung von der spezifizierten Zykluszeit

	1	2	3	4	5	6	7	8
Abweichung [ms]	1,792	1,917	1,617	3,156	1,557	-0,252	1,901	1,416

Fehler; Toleranzbereich; gut; maximale Abweichung; max. zulässige Abweichung; durchschnittl. Abweichung; minimale Abweichung

Abb. 4. Ermittelte Zykluszeiten eines Botschaftstyps

5 Ausblick

Um mögliche Fehler bei der Kommunikation zwischen Steuergeräten zu provozieren, müssen sämtliche reale Fahrsituationen anhand von unterschiedlichen Fahrmanövern nachgebildet werden. Insbesondere der Test von Steuergeräten für ABS- oder ESP-Systeme, die in Gefahrensituationen eingreifen, verlangt die Durchführung spezieller Fahrmanöver, um das Testobjekt zu stimulieren und auf diese Weise effektiv testen zu können. Verschiedene Fahrmanöver, z.B. Spurwechselmanöver, Ausweichmanöver, Elchtest, werden in einem Fahrmanöverkatalog zusammengefasst.

6 Danksagung

Dem Softwaretest Team des Geschäftsbereiches Chassis Systems, Robert Bosch GmbH, Abstatt wird für die Möglichkeit der Mitwirkung am Gesamtprojekt, der Aufgabenstellung, der Bereitstellung der Testumgebung und Förderung gedankt.

Literaturverzeichnis

1. Jovalekic, S.; Martinek, G.; Okrusch, Th.: Softwaretest von verteilten Echtzeitsystemen im Automobil anhand von Kundenspezifikationen, PEARL 2003, Workshop über Verteilte Echtzeitsysteme, Boppard am Rhein, 27-28.11.2003, Informatik aktuell, Springer 2003, ISBN 3-540-20141-6, S. 99-108.

Autorenverzeichnis